Den richtigen MBA finden

Bodo B. Schlegelmilch · George Iliev

Den richtigen MBA finden

Kompass zum Erfolg

Bodo B. Schlegelmilch
WU – Wirtschaftsuniversität Wien
Vienna, Österreich

George Iliev
Association of MBAs (AMBA)
London, UK

ISBN 978-3-032-07421-8   ISBN 978-3-032-07422-5 (eBook)
https://doi.org/10.1007/978-3-032-07422-5

Die Deutsche Nationalbibliothek verzeichnet diese Publikation in der Deutschen Nationalbibliografie; detaillierte bibliografische Daten sind im Internet über https://portal.dnb.de abrufbar.

Übersetzung der englischen Ausgabe: „The MBA Compass" von Bodo B. Schlegelmilch und George Iliev, © The Editor(s) (if applicable) and The Author(s), under exclusive license to Springer Nature Switzerland AG 2023. Veröffentlicht durch Springer Nature Switzerland. Alle Rechte vorbehalten.

Dieses Buch ist eine Übersetzung des Originals in Englisch „The MBA Compass" von Bodo B. Schlegelmilch und George D. Iliev, publiziert durch Springer Nature Switzerland AG im Jahr 2023. Die Übersetzung erfolgte mit Hilfe von künstlicher Intelligenz (maschinelle Übersetzung). Eine anschließende Überarbeitung im Satzbetrieb erfolgte vor allem in inhaltlicher Hinsicht, so dass sich das Buch stilistisch anders lesen wird als eine herkömmliche Übersetzung. Springer Nature arbeitet kontinuierlich an der Weiterentwicklung von Werkzeugen für die Produktion von Büchern und an den damit verbundenen Technologien zur Unterstützung der Autoren.

© Der/die Herausgeber bzw. der/die Autor(en), exklusiv lizenziert an Springer Nature Switzerland AG 2025

Das Werk einschließlich aller seiner Teile ist urheberrechtlich geschützt. Jede Verwertung, die nicht ausdrücklich vom Urheberrechtsgesetz zugelassen ist, bedarf der vorherigen Zustimmung des Verlags. Das gilt insbesondere für Vervielfältigungen, Bearbeitungen, Übersetzungen, Mikroverfilmungen und die Einspeicherung und Verarbeitung in elektronischen Systemen.
Die Wiedergabe von allgemein beschreibenden Bezeichnungen, Marken, Unternehmensnamen etc. in diesem Werk bedeutet nicht, dass diese frei durch jede Person benutzt werden dürfen. Die Berechtigung zur Benutzung unterliegt, auch ohne gesonderten Hinweis hierzu, den Regeln des Markenrechts. Die Rechte des/der jeweiligen Zeicheninhaber*in sind zu beachten.
Der Verlag, die Autor*innen und die Herausgeber*innen gehen davon aus, dass die Angaben und Informationen in diesem Werk zum Zeitpunkt der Veröffentlichung vollständig und korrekt sind. Weder der Verlag noch die Autor*innen oder die Herausgeber*innen übernehmen, ausdrücklich oder implizit, Gewähr für den Inhalt des Werkes, etwaige Fehler oder Äußerungen. Der Verlag bleibt im Hinblick auf geografische Zuordnungen und Gebietsbezeichnungen in veröffentlichten Karten und Institutionsadressen neutral.

Springer ist ein Imprint der eingetragenen Gesellschaft Springer Nature Switzerland AG und ist ein Teil von Springer Nature.
Die Anschrift der Gesellschaft ist: Gewerbestrasse 11, 6330 Cham, Switzerland

Wenn Sie dieses Produkt entsorgen, geben Sie das Papier bitte zum Recycling.

Bewertungen

„Ein reflektiertes und fesselndes Buch, das Lernenden aus aller Welt mit unterschiedlichen Hintergründen und Erfahrungen tiefgehende Einblicke bietet, um das MBA-Programm auszuwählen, das am besten zu ihren lebenslangen Lernzielen und ihrer beruflichen Laufbahn passt und ihnen dabei helfen kann, ihre Ambitionen und zukünftigen Ziele zu verwirklichen. Es ist eine unverzichtbare Lektüre für heutige Hochschulabsolventen, Berufseinsteiger, Unternehmer und zukünftige Führungskräfte aus verschiedensten Lebensbereichen, die in einem zunehmend innovationsgetriebenen, hyperkompetitiven und sich wandelnden globalen Markt einen Unterschied machen wollen. Für alle, die den sich stetig transformierenden Markt für MBA-Abschlüsse und die Auswirkungen innovativer betriebswirtschaftlicher und Management-Weiterbildung auf die Gesellschaft besser verstehen möchten, dient *Den richtigen MBA finden: Kompass zum Erfolg* als äußerst relevante, aktuelle und informative Referenz."
—Sherif Kamel, *Dekan, School of Business, stellvertretender Vorsitzender des AACSB-Vorstands, The American University in Cairo, Ägypten*

„Der MBA ist nach wie vor nicht nur das Flaggschiffprogramm der meisten Business Schools weltweit, sondern auch die international anerkannteste akademische Qualifikation im Bereich Wirtschaft. Bodo und George zählen zu den weltweit führenden Experten in allen Fragen rund um den MBA und bieten eine wirklich globale Perspektive auf eine der wichtigsten Investitionsent-

scheidungen, die ein ambitionierter Wirtschaftsstudierender in seinem Leben treffen wird."
—Andrew Main Wilson, *CEO, AMBA & BGA, London, Großbritannien*

„MBA-Kandidaten fühlen sich auf der Suche nach dem passenden MBA oft orientierungslos. Mit diesem Buch bieten Ihnen Experten für Managementausbildung einen Kompass, der Sie auf dem Weg zu Ihrem lebensverändernden MBA in die richtige Richtung führt."
—Hiroyuki Kurimoto, *Kanzler, NUCB Business School, Nagoya, Tokio, Osaka, Japan*

„Dieses Buch ist ein unverzichtbarer Leitfaden für alle, die ein MBA-Studium in Erwägung ziehen – ganz gleich, ob sie frisch graduierte Absolventen, erfahrene Führungskräfte oder angehende Unternehmer sind. Mit seinen umfassenden Kapiteln zur Auswahl des passenden MBA-Programms, zur optimalen Nutzung des Studiums und zu den langfristigen Vorteilen bietet dieses Buch unschätzbare Einblicke und praxisnahe Ratschläge. Verfasst von erfahrenen Experten auf diesem Gebiet, liefert es solide Empfehlungen, die Ihnen helfen, sich sicher in der komplexen Welt der MBA-Programme zu bewegen."
—Steef L van de Velde, *Ehemaliger Dekan der Rotterdam School of Management, Erasmus Universität, Niederlande*

„Fragen Sie sich immer noch, ob Sie ein MBA-Studium aufnehmen sollten? Sind Sie noch unsicher, welches Programm das richtige für Sie ist, wissen aber nicht, wo Sie Informationen finden können, oder haben keine Zeit, danach zu suchen? Dann ist dieses Buch genau das Richtige für Sie! Es hilft Ihnen, eine fundierte Entscheidung zu treffen und den größtmöglichen Nutzen aus einem MBA-Studium zu ziehen."
—Lailani L. Alcantara, *Dekanin der School of Management, Ritsumeikan Asia Pacific University, Beppu, Japan*

„Bodo und George haben eine großartige Arbeit geleistet, um angehenden Studierenden bei der wichtigen Entscheidung für ein MBA-Studium zu helfen. Die Tiefe und Perspektive ihrer Arbeit kann auch Hochschulen dabei unterstützen, ihre Programme zu verbessern und neu zu gestalten. Eine unverzichtbare Lektüre für alle, die mit MBAs zu tun haben."
—Luiz Artur Ledur Brito, *Dekan, Fundação Getulio Vargas—EAESP, São Paulo, Brasilien*

„Was für ein fantastischer Wegweiser zur Auswahl des passenden MBA-Programms! Dieses Buch ist ein Muss für angehende Führungskräfte, die ein MBA-Studium zur Förderung ihrer Karriere in Erwägung ziehen."
—Gunther Friedl, Geschäftsführer der Dieter Schwarz Stiftung und ehemaliger *Dekan der Fakultät für Management, Technische Universität München (TUM), Deutschland*

„Sich im komplexen Umfeld der MBA-Programme zurechtzufinden, kann überwältigend sein, aber *Den richtigen MBA finden: Kompass zum Erfolg* ist das ultimative Werkzeug, um Orientierung zu bieten. Mit praxisnahen Einblicken und fachkundigen Ratschlägen stattet dieses Buch angehende Studierende mit dem nötigen Wissen aus, um fundierte Entscheidungen zu treffen. Ein Muss für alle, die sich auf den Weg zu einem MBA machen."
—Christian Andres, *Dekan der WHU, Otto Beisheim School of Management, Koblenz, Deutschland*

„*Den richtigen MBA finden: Kompass zum Erfolg*, verfasst von unserem Bualuang ASEAN Chair Professor Bodo Schlegelmilch und seinem Co-Autor George Iliev, ist ein unschätzbarer Leitfaden für angehende MBA-Studierende, Unternehmer und erfahrene Führungskräfte gleichermaßen. Mit seiner umfassenden Abdeckung von Themen, die von der Wahl des passenden MBA-Programms bis zur optimalen Nutzung der langfristigen Vorteile des Abschlusses reichen, bietet dieses Buch den Kompass, den Sie benötigen, um sich in der komplexen Welt der Managementausbildung zurechtzufinden und Ihre Karriereziele zu erreichen."
—Gasinee Witoonchar"t, *Mitglied des EFMD-Vorstands* und Ehemalige *Rektorin der Thammasat-Universität, Bangkok, Thailand*

„Das Buch stützt sich auf eine Kombination aus umfangreichen internationalen Daten und der herausragenden akademischen Erfahrung der Autoren, um eine umfassende Darstellung und Bewertung des MBA-Werdegangs zu bieten. Ein Muss sowohl für potenzielle MBA-Kandidaten als auch für Mitarbeitende und Lehrende von Business Schools."
—Salvador Carmona, *Rektor und Dekan der Fakultät, IE Business School, Madrid, Spanien*

„Dieses Buch ist, wie seine Autoren, datenbasiert, klar und in der Lage, den beruflichen Werdegang all jener zu begleiten, die ihre beruflichen Möglichkeiten erweitern möchten."
—Veneta Andonova Zuleta, *Ehemalige Dekanin, Universidad de los Andes School of Management, Kolumbien*

„Der beste erste Schritt, um sich für ein MBA-Programm zu entscheiden, ist, diejenigen Wissenschaftler und Lehrenden um Rat zu fragen, die wirklich viel über MBAs wissen. Man lernt von denen, die exzellente Programme organisiert und geleitet haben und über Lehrerfahrung an Schulen weltweit verfügen. Dieses Buch fasst die umfassende Expertise der Autoren zusammen."
—Christoph Badelt, *Ehemaliger Rektor der WU Wien, Mitglied des EFMD-Vorstands, Präsident des Österreichischen Fiskalrats und des Österreichischen Produktivitätsrats, Österreich*

„Ein MBA-Studium kann für die richtigen Personen zum richtigen Zeitpunkt ein enormer Karriereschub sein. Dieses Buch von Bodo Schlegelmilch und George Iliev ist ein wertvoller Ratgeber für alle, die ein MBA-Programm in Erwägung ziehen. Die umfassende Analyse hilft Ihnen, sich im Dschungel der zahlreichen verfügbaren MBA-Programme zurechtzufinden. Haben Sie das passende Programm gefunden, bietet das Buch praktische Tipps, wie Sie das Beste aus Ihrem Studium herausholen können. Das Buch zeigt zudem den lebenslangen Wert eines MBA-Studiums auf – auch lange nach dem Abschluss. Wenn Ihnen die Rendite Ihrer Investition in ein MBA-Programm wichtig ist, sollten Sie dieses Buch unbedingt aufmerksam lesen!"
—Fangruo Chen, *Dekan, Antai College of Economics and Management, Shanghai Jiao Tong University, China*

„Den richtigen MBA finden: Kompass zum Erfolg ist ein zentrales Instrument, das den gesamten MBA-Weg unterstützt – vom Auswahlprozess und dem Abwägen verschiedener Schulen und Programme bis hin zu wertvollen Ratschlägen für die Zeit nach dem MBA. Es ist mehr als nur ein Buch; tatsächlich ist es Ihr persönlicher Kompass für den Erfolg in der MBA-Welt."
—Francisco Veloso, *Dekan, INSEAD, Frankreich/Singapur/Abu Dhabi*

„In einer Welt mit so vielen Business Schools hilft dieses Buch Studierenden, Alumni und Stakeholdern, die Landschaft zu verstehen. Schlegelmilch und Iliev bieten eine beeindruckende Übersicht über die Vielfalt, Branchenstandards und Angebote der Business Schools und zeigen dabei, dass ein hochwertiger MBA nach wie vor ein entscheidender Hebel für angehende Führungskräfte weltweit ist."
—Mark Smith, *Ehemaliger Direktor, Stellenbosch Business School, Stellenbosch, Südafrika und Dean of Programs, emlyon Business School, Frankreich*

„Dieses Buch bietet eine ausgezeichnete Orientierung für Studierende und Geschäftsleute, die ein Masterstudium in Betriebswirtschaftslehre (MBA) in Erwägung ziehen. Die Darstellung begleitet die Lesenden zunächst bei der Überlegung, ob der Abschluss eine sinnvolle Karriereoption darstellt, und führt sie anschließend durch die Entscheidung, wo und in welchem Format das Studium aufgenommen werden soll, bis hin zur Betrachtung der langfristigen Auswirkungen des MBA auf die berufliche Laufbahn. Die Ausführungen stammen von zwei Fachleuten mit umfassender Erfahrung in der Lehre, Organisation und Akkreditierung von MBA-Programmen sowie in der Zusammenarbeit mit Unternehmen, die Absolventinnen und Absolventen dieser Programme rekrutieren. Ein wertvolles Instrument für die Entscheidungsfindung all jener, die ein betriebswirtschaftliches Aufbaustudium anstreben."
—Robert Grosse, *Ehemaliger Dekan, EGADE Business School, Monterrey Tec; ehemaliger Dekan, American University of Sharjah, Professor für Internationales Management, Thunderbird School of Global Management (Arizona State University), USA*

„Bodo und George haben einen hervorragenden Leitfaden zum MBA-Studium geschaffen. Basierend auf ihrer außergewöhnlichen Expertise sowohl als Lehrende als auch als Administratoren von MBA-Programmen weltweit, bieten sie einen informativen, umfassenden und aufschlussreichen Wegweiser für den Erwerb eines MBA. Solch klare Ratschläge zu allen wesentlichen Fragen rund um dieses bedeutende Karriereziel – von der Auswahl eines Programms, das optimal zu den eigenen Fähigkeiten und Ambitionen passt, über die effektive Navigation durch das Studium für maximalen Nutzen bis hin zur Berücksichtigung der lebenslangen Auswirkungen eines MBA-Abschlusses – sind von unschätzbarem Wert, insbesondere wenn sie von solch international anerkannten Experten der Managementausbildung stammen."
—Tatiana Kostova, *Carolina Distinguished Professor und Buck Mickel Endowed Chair, Darla Moore School of Business, South Carolina, USA*

„In der heutigen Wissensökonomie bilden die formale Ausbildung, die berufliche Erfahrung und das intellektuelle Kapital einer Person die wesentliche Grundlage für fortlaufende Chancen und Erfolg. Der MBA ist eine wertvolle Möglichkeit, betriebswirtschaftliches Know-how zu erweitern und Führungskompetenzen zu vertiefen – aber welcher MBA? Die Entscheidung für ein Land, eine Business School und die Art des MBA-Programms kann schwierig und überwältigend sein. *Den richtigen MBA Finden: Kompass zum Erfolg,*

verfasst von führenden internationalen Experten der Managementausbildung, bietet einen aktuellen und umfassenden Leitfaden für alle, die ein MBA-Studium in Erwägung ziehen. Wenn Sie ernsthaft in Ihren MBA investieren möchten, wird Ihnen die Investition in dieses Buch helfen, eine fundierte Entscheidung zu treffen."
—Amanda Gudmundsson, *Ehemalige Dekanin, Fakultät für Wirtschaft und Recht, Queensland University of Technology, Australien*

„*Den richtigen MBA Finden: Kompass zum Erfolg* schließt eine Lücke auf dem Weg jedes potenziellen MBA-Studierenden, indem es dabei hilft, fundiertere Entscheidungen darüber zu treffen, welche MBA-Programme am besten geeignet sein könnten. Schlegelmilch und Iliev bringen mit ihrer umfassenden Erfahrung mit unterschiedlichsten MBA-Programmen weltweit auf hervorragende Weise Klarheit in die Unterschiede zwischen den Programmen – ein Aspekt, dem alle, die ein MBA-Studium in Erwägung ziehen, unbedingt Beachtung schenken sollten. Das Buch richtet sich zudem an Führungskräfte von Business Schools und Universitäten, indem es einen umfassenden Überblick über den Stand der MBA-Ausbildung bietet. Ich bin überzeugt, dass dieses Buch für Studierende, Lehrende und Dekane im MBA-Bereich ein absolutes Muss ist!"
—Srilata Zaheer, *ehemalige Dekanin der Carlson School of Management und Elmer L. Andersen Lehrstuhl für Globale Unternehmensverantwortung, University of Minnesota, USA*

Geleitwort von Professor John A. Quelch

Der MBA-Markt ist überfüllt. Die Nachfrage ist in den letzten vierzig Jahren stark angestiegen, da die Globalisierung marktwirtschaftliches Denken und wachsenden Wohlstand in zuvor für den Kapitalismus unzugängliche Länder gebracht hat. Gleichzeitig sind die Markteintrittsbarrieren gering. Eine Hochschule oder Universität, die zusätzliche Einnahmen benötigt, kann problemlos ein MBA-Programm einrichten, ohne Kapital investieren zu müssen. In vielen Rechtsräumen ist eine Akkreditierung zwar wichtig, aber nicht zwingend erforderlich.

Weltweit bieten über 16.000 Institutionen betriebswirtschaftliche Abschlüsse an. Ein MBA-Abschluss ist, fast wie Coca-Cola, jederzeit in greifbarer Nähe. Auswahl kann den Zugang verbessern und Innovationen fördern. Im Fall des MBA-Abschlusses ist die Qualität jedoch zwangsläufig sehr unterschiedlich. Interessenten müssen sich vor Scharlatanen, Hochstaplern und offenem Betrug in Acht nehmen.

Die Wahl des passenden Programms erfordert sorgfältige Recherche und Planung. Sich lediglich von einem bekannten Namen leiten zu lassen, führt nicht eher zu einem guten Ergebnis als die Entscheidung für das günstigste Programm. Bedenken Sie, dass die von Ihnen gewählte Institution dauerhaft in Ihrem Lebenslauf stehen wird; nur die wenigsten können sich die Opportunitätskosten leisten, ein zweites MBA-Studium an einer besseren Hochschule zu absolvieren. Zudem verlangen Hochschulen in der Regel die Studiengebühren im Voraus, was einen Abbruch kostspielig macht. Eine suboptimale Entscheidung birgt erhebliche Risiken.

Deshalb ist „*Den richtigen MBA finden: Kompass zum Erfolg*" so wertvoll und wichtig. Es bietet einen Leitfaden, um zu entscheiden, ob ein MBA in dieser Phase Ihrer Karriere eine sinnvolle Investition für Sie ist und, falls ja, wie Sie das Programm auswählen, das Ihnen unter Berücksichtigung Ihrer beruflichen Ziele, Standortpräferenzen und finanziellen Möglichkeiten die höchste Rendite auf Ihre Investition bietet.

In den letzten Jahren hat der traditionelle zweijährige, wohnsitzbasierte MBA an Attraktivität verloren. Stattdessen ist eine Vielzahl einjähriger spezialisierter Masterstudiengänge in Bereichen wie Finanzen, Business Analytics und anderen Fächern entstanden. Obwohl diese Programme oft anspruchsvoll sind, vermitteln sie keine Betriebswirtschaftslehre. Sie bieten nicht die notwendige inhaltliche Breite – von Rechnungswesen über Strategie bis hin zu menschlichem Verhalten –, die für effektives Management und Führung unerlässlich ist. Ein gutes MBA-Programm bietet ein integriertes, generalistisches Managementcurriculum mit mehreren praxisnahen Teamprojekten unter Anleitung erfahrener Dozenten. Akzeptieren Sie keine mittelmäßigen Programme, die weniger bieten.

Neben der Qualität, Vollständigkeit und Innovationskraft des MBA-Lehrplans ist es wichtig, auch die Lehrenden und die Studierenden in den Blick zu nehmen. Kürzlich habe ich das festangestellte Lehrpersonal einer Business School mit achtzig Professorinnen und Professoren überprüft, von denen lediglich vier einen MBA-Abschluss hatten. Die übrigen verfügten über Promotionen in Statistik, Volkswirtschaftslehre oder Psychologie, hatten jedoch nie eine Gehaltsabrechnung verwaltet und vermutlich nie eine Produktionshalle betreten. Zweifellos machen einige ihrer MBA-Absolventinnen und -Absolventen gute Karrieren, aber ich bezweifle, dass das MBA-Programm wesentlich zu deren Management- und Führungspotenzial beigetragen hat. Meine Botschaft ist daher: Schauen Sie sich die Profile der Lehrenden an, die Sie unterrichten werden, und verlassen Sie sich nicht nur auf die Hochglanzbroschüre mit den ansprechenden Kursbezeichnungen.

Es ist ebenfalls wichtig, sofern möglich, die in Betracht gezogenen Schulen persönlich zu besuchen. Bitten Sie darum, an einer Unterrichtsstunde teilzunehmen. So können Sie sowohl die Kompetenz und das Engagement der Studierenden als auch der Lehrkräfte beobachten. Sie sollten Studierende sehen, die engagiert sind, die Ihnen überlegen erscheinen und von denen Sie daher ebenso viel lernen werden wie von den Lehrenden. Ein gut vernetztes, unterstützendes Alumni-Netzwerk in den Regionen, in denen Sie später arbeiten möchten, kann Ihre Karriere fördern und sollte daher in Ihre Entscheidungsfindung einbezogen werden.

Kürzlich habe ich im Internet nach Zitaten über MBAs gesucht. Viele davon sind abfällige Kritiken über den allwissenden MBA, der erwartet, dass das Personal die gesamte Arbeit übernimmt. Mir fiel auf, dass diese Zitate meist von Personen stammen, die selbst keinen MBA haben und stolz darauf sind, dennoch erfolgreich zu sein. Oder sie haben möglicherweise schlechte Erfahrungen gemacht, indem sie MBAs von Institutionen eingestellt haben, deren Lehrkräfte sich nicht einer praxisorientierten, integrierten General-Management-Ausbildung mit Teamprojekten, Simulationen und erfahrungsbasiertem Lernen verpflichtet fühlen.

Bei der Auswahl des richtigen MBA-Programms tappen Sie nicht im Dunkeln. Es gibt drei bedeutende internationale Akkreditierungsstellen, die bestätigen, dass Business Schools grundlegende Standards erfüllen. Dies sind die amerikanische AACSB, die europäische EQUIS und die britische AMBA (die speziell MBA-Programme und nicht allgemein Business Schools akkreditiert). Die Wahrscheinlichkeit, eine gute Rendite auf Ihre Investition zu erzielen, ist höher, wenn Sie ein MBA-Programm mit mindestens einer dieser Akkreditierungen wählen.

Doch anstatt sich ausschließlich auf das Gütesiegel einer Agentur zu verlassen, sollten Sie auch „*Den richtigen MBA finden: Kompass zum Erfolg*" von Bodo Schlegelmilch und George Iliev lesen – beide sind engagierte Business-School-Experten mit umfassender, globaler Kenntnis des MBA-Marktes. Ihr besonderer Beitrag besteht darin, Sie bei Ihrem persönlichen Entscheidungsprozess für ein MBA-Studium zu unterstützen, damit Sie das für Sie passende Programm auswählen können.

Boston, MA, USA
June 4, 2023

John A. Quelch

An die Leserin, den Leser

Ein Master of Business Administration (MBA) genießt hohes Ansehen und steht für Kompetenz und Erfolg. Absolventinnen und Absolventen eines MBA-Studiums (auch als MBAs bezeichnet) werden häufig ausgeprägte analytische Fähigkeiten, unternehmerisches Geschick und exzellente Kommunikationsfähigkeiten zugeschrieben. Daher gilt der MBA-Abschluss insbesondere für frisch graduierte Bachelorabsolventinnen und -absolventen sowie für Berufseinsteigerinnen und -einsteiger oft als Sprungbrett in die oberen Führungsebenen und zu einem höheren Gehalt.

Zunehmend wenden sich jedoch auch Fachkräfte mit langjähriger Managementerfahrung MBA-Programmen zu, um ihr Wissen zu aktualisieren und ihre Führungskompetenzen zu schärfen. Manager, die ihre Karriere als Ingenieure, IT-Fachkräfte, Chemiker, Biologen oder in anderen nicht betriebswirtschaftlichen Funktionen begonnen haben und später in verschiedene Führungspositionen aufgestiegen sind, haben ein besonderes Bedürfnis, ihre Managementfähigkeiten durch ein MBA-Studium auf eine solide Grundlage zu stellen.

Dann gibt es die Unternehmer, die ihre Geschäftsidee zu einem nachhaltigen Unternehmen entwickeln möchten. Von Anfang an müssen sie sich nicht nur auf das Produkt oder die Dienstleistung konzentrieren, mit der sie ihr Unternehmen aufbauen wollen, sondern auch lernen, wie man Kapital beschafft, Budgets verwaltet, Mitarbeiter führt und Kunden gewinnt. Ein MBA-Programm kann Unternehmer bei diesen Prozessen unterstützen.

Angesichts der unterschiedlichen Motivationen und Hintergründe potenzieller MBA-Bewerber ist offensichtlich, dass die Anforderungen, die Bewerber an MBA-Programme stellen, variieren. Nicht jeder benötigt einen MBA von Harvard oder Stanford, nicht jeder braucht ein zweijähriges Vollzeit-MBA-Programm, und nicht jeder muss ein Studium durch die physische Teilnahme an einem MBA-Programm absolvieren. Tatsächlich kann es für Sie vorteilhafter sein, alternative Möglichkeiten der Managementausbildung in Betracht zu ziehen. Während der MBA-Abschluss in der Regel das prestigeträchtige Flaggschiffprogramm einer Business School ist, können spezialisierte Master-of-Science-(MSc)-Programme oder nicht-akademische Executive-Kurse Ihren Bedürfnissen besser entsprechen als ein MBA-Programm. Abhängig von Ihrem Erststudium, Ihrer bisherigen Führungserfahrung und Ihren Zielen sollten Sie möglicherweise sogar einen Doctor of Business Administration (DBA) in Erwägung ziehen.[1]

Dieses Buch soll Sie bei Ihren Entscheidungsprozessen unterstützen, ganz gleich, ob Sie frischgebackener Bachelor-Absolvent, Unternehmer oder erfahrene Führungskraft sind. Es ist in drei Abschnitte unterteilt:

- Das passende MBA-Programm finden und sich erfolgreich bewerben
- Das Beste aus dem MBA-Studium herausholen
- Vom langfristigen Wert des MBA profitieren

Die richtige MBA-Wahl und Bewerbung: In Kap. 1 befassen wir uns zunächst mit den Beweggründen für ein MBA-Studium. Dies hilft Ihnen dabei zu entscheiden, ob ein MBA tatsächlich das Richtige für

---

[1] Kalika und Platt (2022).

Sie ist. In Kap. 2 wenden wir uns der Auswahl geeigneter Business Schools und MBA-Programme zu. Dies ist ein komplexes Thema. Schätzungen zufolge gibt es weltweit zwischen 13.000 und 16.000 Institutionen, die betriebswirtschaftliche Abschlüsse verleihen,[2] und gute Programme sind längst nicht mehr nur in Europa oder den USA zu finden. Im Gegenteil: Exzellente Business Schools und MBA-Programme gibt es heute auch in China, Indien, Lateinamerika und vielen weiteren Ländern und Regionen weltweit. Kap. 3 widmet sich vollständig der wichtigen Rolle von Akkreditierungen und Rankings bei der Wahl eines MBA-Programms. Anschließend beleuchten die Kap. 4 und 5 den Bewerbungsprozess; zunächst wird untersucht, worauf Business Schools bei MBA-Bewerberinnen und -Bewerbern achten, und anschließend, wie sich Kandidatinnen und Kandidaten erfolgreich für ein MBA-Programm bewerben können.

Das Beste aus Ihrem MBA-Studium machen: Sobald Sie in einem MBA-Programm eingeschrieben sind, sollten Sie den größtmöglichen akademischen Nutzen aus dem gewählten Programm ziehen. Dies ist das Thema von Kap. 6. Gute MBA-Programme bieten jedoch weit mehr als nur akademischen Mehrwert. Denken Sie beispielsweise an außercurriculare Aktivitäten wie Sportvereine oder Networking-Events. Während eines MBA-Studiums erhalten Sie zudem die Möglichkeit, verschiedene Persönlichkeitstests zu absolvieren, um Ihre Selbstwahrnehmung zu stärken, Ihre Interviewfähigkeiten zu verbessern oder Mentoring in Anspruch zu nehmen. Diese und weitere Vorteile, die über die akademischen Inhalte eines MBA-Programms hinausgehen, werden in Kap. 7 behandelt.

Vom langfristigen Wert Ihres MBA profitieren: Kap. 8 zeigt auf, wie ein MBA-Studium Ihre Karriere fördern kann. Auch hier unterscheidet sich der Nutzen je nachdem, ob Sie Managementeinsteiger oder bereits erfahrene Führungskraft sind. In Kap. 9 liegt der Fokus auf Alumni-Vereinigungen. Diese können eine wichtige Rolle spielen – von

---

[2] The Economist (2011); AACSB (2023).

der Vermittlung von Kontakten, die Ihnen beim Einstieg in den Beruf oder bei der Suche nach einer besseren Position helfen, über die Organisation von Weiterbildungsveranstaltungen bis hin zur Kontaktvermittlung für die Entwicklung neuer Geschäftsmöglichkeiten. Abschließend lädt Kap. 10 dazu ein, langfristig zu denken und über die potenziellen Auswirkungen Ihres MBA nachzudenken. Diese Überlegungen können auch die Wahl Ihres MBA-Programms beeinflussen und führen somit zurück zum Anfang des Buches, also zu Ihrer Motivation für ein MBA-Studium.

Bevor wir uns diesen Themen zuwenden, möchten wir unsere Voreingenommenheit offenlegen. Da wir Teil der globalen Association of MBAs (AMBA) sind, betrachten wir ein MBA-Programm als einen postgradualen Abschluss mit generalistischem Managementfokus, also nicht als ein funktional spezialisiertes Programm wie einen MSc. Darüber hinaus sind wir der Überzeugung, dass ein MBA für Studierende den größten Mehrwert bietet, wenn sie bereits über Managementerfahrung verfügen. Daher bevorzugen wir MBA-Programme, die von den zugelassenen Bewerberinnen und Bewerbern zumindest eine gewisse Berufserfahrung im Management verlangen.

Damit bleibt die Frage: Warum sollten Sie unserer Einschätzung vertrauen? Hier dürfen wir uns einmal selbst loben! Wir verfügen beide über umfassende Erfahrung im MBA-„Markt" aus unterschiedlichen Perspektiven: als Vorsitzender der AMBA, ehemaliger Dekan einer Business School und Professor, der MBA- und Executive-Programme in mehr als 30 Ländern unterrichtet hat; sowie als Direktor für MBA-Akkreditierung bei der AMBA, der nach Studien in Europa, Amerika und Asien zwei MBA-Abschlüsse erworben hat und die Akkreditierung bzw. Re-Akkreditierung von rund 1000 MBA-Programmen bei nahezu 200 MBA-Akkreditierungsbesuchen auf sechs Kontinenten betreut hat. Insgesamt sind wir überzeugt, dass dieser Hintergrund uns die Glaubwürdigkeit verleiht, Ihnen fundierte Empfehlungen zur Auswahl eines passenden MBA-Programms zu geben, und wir sind sicher, dass Sie von unseren Perspektiven profitieren können.

Literatur

Kalika, M., & Platt, S. (2022). Der Doctor of Business Administration: *Ihre berufliche Praxis auf die nächste Stufe heben.* Cobham: IEDP | Ideas for Leaders Ltd.

The Economist. (15. Oktober 2011). *Probleme in der Mitte: Läuft den Business Schools, die nicht ganz zur Elite gehören, die Zeit davon? The Economist.* https://www.economist.com/briefing/2011/10/15/trouble-in-the-middle. Zugegriffen: 3. Mai 2023

AACSB. (2023). Weltweite Schätzung der Business Schools: 16.565 Institutionen – von Rogert Colin Nelson, AACSB Senior Manager of Data Analysis, 1. Mai 2023.

Inhaltsverzeichnis

Teil I Die richtige MBA-Option finden und sich bewerben

1 Warum Sie einen MBA machen sollten — 3
- Überprüfen Sie Ihre Motivation — 3
- Erkunden Sie die Psychografie — 10
- Finden Sie Ihr Ikigai — 10
- Stellen Sie sich den Herausforderungen — 12
- Managen Sie Ihre Zeit — 14
- Zusammenfassung — 15
- Literatur — 15

2 Wie man eine Business School und ein MBA-Programm auswählt — 17
- Zurück zu den Wurzeln — 17
- Die ersten europäischen Business Schools — 18
- Die ersten US-amerikanischen Business Schools — 18
- Der internationale Erfolg des MBA — 19
- Die typische Business School gibt es nicht — 20
- Zusammenfassung — 36
- Literatur — 37

3	**Wie Akkreditierungen und Rankings Ihre MBA-Wahl leiten können**	41
	Zusammenfassung	56
	Literatur	57
4	**Was eine Business School bei einem MBA-Bewerber sucht**	59
	MBA-Zulassungsmuster	59
	Acht Schlüsselfaktoren	61
	Zusammenfassung	70
	Literatur	71
5	**Wie Sie sich für Ihr ideales MBA-Programm bewerben**	73
	Acht Schritte zum Abheben	73
	Zusammenfassung	85
	Literatur	86

Teil II   Das Beste aus Ihrem MBA-Studium machen

6	**Wie Sie den größten akademischen Nutzen aus Ihrer Business School und Ihrem MBA-Programm ziehen**	91
	Der MBA als Düsentriebwerk	91
	Einführung in acht akademische Bereiche	92
	Noten: Kein Thema	106
	Zusammenfassung	107
	Literatur	108
7	**Wie Sie über den akademischen Wert hinaus von Ihrer Business School und Ihrem MBA-Programm profitieren**	109
	Einführung in acht nicht-akademische Bereiche	109
	Zusammenfassung	120
	Literatur	120

Teil III Vom langfristigen Wert Ihres MBA profitieren

8	**Wie ein MBA Ihre Karriere voranbringen kann**	123
	Zusammenfassung	137
	Literatur	138
9	**Wie Sie vom Alumni-Netzwerk Ihres MBAs profitieren**	141
	Lebenslange Verbindungen	141
	Universitäre Alumni-Netzwerke	143
	Rankings von Alumni-Netzwerken	143
	Freunde mit Vorteilen	145
	Zusammenfassung	153
	Literatur	154
10	**Warum Sie schon jetzt über die langfristigen Auswirkungen Ihres MBA-Abschlusses nachdenken sollten**	157
	Überlegungen zur Zukunft beeinflussen Ihre Entscheidungen	157
	Streben Sie nach einer Ikigai-Zukunft	158
	Zusammenfassung	167
	Literatur	169

Anhang A: Financial Times Global MBARanking   173

Anhang B: Financial Times Global Executive MBA Ranking   177

Anhang C: Dreifach akkreditierte Business Schools   181

Über die Autoren

Bodo B. Schlegelmilch ist Senior Board Advisor und ehemaliger Vorsitzender der Association of MBAs [AMBA] und der Business Graduates Association [BGA] sowie Professor Emeritus für Management und Strategisches Marketing an der WU Wien (Österreich). Er war Gründungsdekan der WU Executive Academy, der führenden Business School in Österreich, und initiierte eine Reihe von MBA-Programmen, darunter den Vienna Executive MBA, den er in die weltweiten Top 50 des Financial Times Rankings führte.

Bodo leitete Akkreditierungsbesuche zur Peer-Review von MBA-Programmen in Europa, China, Lateinamerika und der Asien-Pazifik-Region. Er unterrichtete in über 30 Ländern auf sechs Kontinenten und wurde für seine Lehr- und Forschungstätigkeit mit Fellowships der Academy of International Business, der Academy of Marketing Science und des Chartered Institute of Marketing ausgezeichnet. Die American Marketing Association ehrte ihn mit dem Significant Contribution to Global Marketing Award sowie dem Lifetime Achievement Award for Higher Education, während ihm die Academy of Marketing Science den Outstanding Marketer of the Year Award verlieh. Die Thammasat University ernannte ihn zum Bualuang ASEAN Chair Professor. Bodo ist aktiv in Beiräten europäischer und asiatischer Universitäten tätig und hat Gastprofessuren in China, Fidschi, Thailand, Großbritannien und den USA inne.

Bodo war bereits vor mehr als drei Jahrzehnten Mitautor eines Buches über US-amerikanische MBAs, das erschien als er an der University of California, Berkeley, lehrte. 2020 erhielt er einen Preis für den besten Artikel des Jahres vom Journal of Marketing Education für einen Beitrag, der die Notwendigkeit radikaler Innovationen an Business Schools betont. Bodo hat Grundsatzvorträge zur Zukunft der Managementausbildung bei der Association of Asia-Pacific Business Schools (AAPBS), der Association of American Colleges & Universities (AAC&U), der Association of Indian Management Schools (AIMS), der chilenischen Association of Business Schools (ENEFA), der American Marketing Association (AMA) und vielen weiteren gehalten.

Bodo, der zunächst in Deutschland ausgebildet wurde, erwarb zwei Doktortitel an der University of Manchester (UK) sowie einen Ehrendoktor an der Thammasat University (Thailand). Seine berufliche Laufbahn begann er bei der Deutschen Bank und Procter & Gamble in Deutschland, bevor er seine Karriere an der University of Edinburgh und der University of California, Berkeley, fortsetzte. Es folgten Berufungen als British Rail Chair of Marketing an die University of Wales (UK) und als Professor für International Business an die Thunderbird School of Global Management (USA).

George D. Iliev ist Akkreditierungsdirektor und Direktor für Strategische Projekte & Innovation bei AMBA & BGA (der globalen Akkreditierungsorganisation für MBA-Programme mit Sitz in London). Seit über einem Jahrzehnt ist er für die Betreuung der MBA-Akkreditierung von 140 führenden Business Schools in Europa, Asien und Amerika verantwortlich. Während seiner 12-jährigen Tätigkeit bei AMBA & BGA hat er an über 200 MBA-Akkreditierungsbesuchen auf allen sechs Kontinenten teilgenommen und rund 1000 MBA-Programme im Rahmen von Akkreditierungs- und Reakkreditierungsverfahren geprüft. Auf strategischer Ebene konzentriert sich George zudem auf die Entwicklung von Initiativen in den Bereichen EdTech, Online- und Executive Education sowie Entrepreneurship Education.

Bevor George 2011 zu AMBA & BGA kam, war er in der Beratung tätig, unter anderem in den Bereichen Medien (CNN-Atlanta), Nachhaltigkeit (Bolivien) und erneuerbare Energien (Bulgarien). Er führte makroökonomische Forschungsarbeiten für das Economic Policy Institute durch und war vier Jahre lang als Managing Editor eines China-Wirtschaftsnachrichtendienstes für Reuters Business Briefing und Dow Jones Factiva tätig. Von 2004 bis 2007 lehrte er China Business and Economy an der Universität Sofia und hat ein berufliches Interesse an Forschung zu Unternehmertum und Innovation.

George absolvierte seinen ersten MBA (2,5 Jahre, berufsbegleitend) an der Universität Sofia im Jahr 2005, als er kaum vier Jahre Berufserfahrung hatte. Im Jahr 2010 schloss er seinen zweiten MBA (zwei Jahre, Vollzeit) an der Emory University (Atlanta) ab, wo er Fulbright-Stipendiat war. Sein MBA-Studium an der Emory University umfasste ein Austauschsemester an der Hong Kong University of Science and Technology. Zudem besitzt George einen MSc-Abschluss in Wirtschaftsgeschichte und Anthropologie von der London School of Economics (wo er Chevening-Stipendiat war) sowie einen Bachelor in Chinastudien von der Universität Sofia.

George spricht Mandarin-Chinesisch, Englisch und Spanisch, zusätzlich zu seiner Muttersprache Bulgarisch. In seiner Freizeit schreibt er einen Blog, in dem er die Parallelen zwischen Natur und Wirtschaft untersucht, unter dem Pseudonym George Eliot (Iliev auf Bulgarisch).

John A. Quelch war als Senior Associate Dean an der Harvard Business School tätig und war Dekan an drei führenden Business Schools auf drei Kontinenten: der University of Miami, der London Business School und der China Europe International Business School.

Teil I

Die richtige MBA-Option finden und sich bewerben

1

Warum Sie einen MBA machen sollten

Überprüfen Sie Ihre Motivation

Es gibt gute und schlechte Gründe, ein MBA-Studium anzustreben. Die schlechten Gründe werden häufig mit zwei negativen Auslegungen des Akronyms MBA in Verbindung gebracht, nämlich „**M**ittelmäßig **B**ut **A**rrogant" und „**V**erheiratet **B**ut **A**ufgeschlossen" (im Englischen: "Married But Available"). Wenn Ihr einziger Grund für den Erwerb eines MBA darin besteht, Ihre Visitenkarte mit dem begehrten dreibuchstabigen Titel zu schmücken, ist es letztlich egal, an welcher Business School Sie studieren. Allerdings ist das, was solche MBA-Absolventen tatsächlich einbringen, oft tatsächlich eher mittelmäßig.

Die Hoffnung, durch das MBA-Studium das Privatleben aufzupeppen und einen neuen Partner zu finden, sollte ebenfalls nicht der ausschlaggebende Grund für die Wahl eines MBA-Programms sein. Zwar ziehen sich Gruppenarbeiten manchmal bis in die frühen Morgenstunden und Studienreisen ins Ausland bieten nachweislich einen fruchtbaren Boden für neue Partnerschaften (wie die Beobachtungen der Autoren bestätigen können), doch die augenzwinkernde Bezeichnung des MBA als „Married But Available" sendet das falsche Signal.

Was sind also die guten Gründe für ein MBA-Studium? Glücklicherweise gibt es zahlreiche gute Gründe, und wie wir zeigen werden, bestimmt Ihre individuelle Motivation, welcher Typ von Business School am besten zu Ihren Bedürfnissen passt. Im Folgenden finden Sie acht (eine Glückszahl im Buddhismus und in ganz Asien) häufige Beweggründe für den Start eines MBA-Studiums. Einige davon schließen sich nicht gegenseitig aus:

1. Wechsel in das Management

Ihr Erststudium *ist nicht* betriebswirtschaftlich ausgerichtet, sondern beispielsweise in Ingenieurwesen, Chemie oder Medizin, und Ihre derzeitige Tätigkeit führt Sie in eine Managementfunktion. Typischerweise umfasst dieses „etwas" das Führen von Mitarbeitern, Budgets, Projekten oder Prozessen (so definiert die London Business School die Managementerfahrung von MBA-Bewerbern). Während das Führen von Mitarbeitern, Budgets und Projekten gemeinhin als „Management" verstanden wird, erweitert das Management von Prozessen das Konzept der Managementerfahrung, etwa wenn ein Ingenieur einen Produktionsprozess in einer Chemiefabrik oder ein Journalist eine Webseite für eine Online-Zeitung verantwortet.

Tatsächlich wurden viele MBA-Programme ursprünglich als Aufbauprogramme für Ingenieure und andere Nicht-BWL-Spezialisten konzipiert, die ins Management befördert wurden. Ein Aufstieg ins Management ist daher einer der ältesten Gründe für ein MBA-Studium und schafft enormen Mehrwert für Fachspezialisten, die in Führungspositionen rücken. Viele Ingenieure, Chemiker oder Mediziner beginnen ihre Karriere in ihrem jeweiligen Fachgebiet, steigen aber im Laufe der Zeit auf und finden sich in Situationen wieder, in denen sie andere Menschen führen, Budgets entwickeln und verwalten, Finanzmittel akquirieren oder ihre Produkte bzw. Dienstleistungen vermarkten müssen – Aufgaben, für die sie nie ausgebildet wurden. Anstatt als „begabte Amateure" zu verbleiben und sich das nötige Wissen und die erforderlichen Fähigkeiten autodidaktisch anzueignen, entscheiden sich viele klugerweise für ein MBA-Studium, um professionelle Führungskräfte zu werden.

2. Beschleunigter Aufstieg ins mittlere oder Top-Management
Ihr Erststudium *ist* betriebswirtschaftlich oder in einem verwandten Bereich wie Volkswirtschaftslehre oder Rechnungswesen, und Sie arbeiten in einem bestimmten Funktionsbereich, zum Beispiel Finanzen, Marketing oder IT. Ihr Ziel ist es jedoch, in der Hierarchie aufzusteigen, was in der Regel ein breiteres Verständnis für General Management und eine interdisziplinäre Perspektive erfordert.

Viele Bachelorabschlüsse in BWL, VWL, Rechnungswesen oder Finanzen sind relativ theoretisch und spezialisiert und vermitteln wenig darüber, wie man in der „realen Welt" tatsächlich etwas managt. Im Gegensatz dazu verschiebt sich im MBA-Studium das Gleichgewicht zwischen Theorie und Praxis deutlich zugunsten der Praxis. Dennoch sind MBA-Programme nicht – und sollten unserer Ansicht nach auch nicht – theoriefrei sein. Wie bereits betont wurde, gibt es nichts praktischeres als eine gute Theorie. Ein MBA-Studium vermittelt Ihnen daher nützliche theoretische Perspektiven und Frameworks und zeigt, wie diese im Management angewendet werden. Ein weiterer wichtiger Unterschied zu den meisten Bachelorstudiengängen ist die Betonung der Entwicklung von Fähigkeiten, die die Effektivität und Effizienz von MBA-Absolventen erheblich steigern können.

3. Karrierewechsel
Sie arbeiten in einer Branche oder Funktion, die Sie nicht mehr interessiert oder erfüllt, aber ein Wechsel fällt schwer, da Sie bei einem radikalen Bruch mit Ihrer bisherigen Karriere wieder ganz von vorne anfangen müssten. Das MBA-Studium kann eine Brücke in eine andere Branche schlagen, insbesondere wenn das Programm lang genug ist, um ein Praktikum im gewünschten Bereich zu ermöglichen. Mithilfe eines MBA wechseln Fachkräfte typischerweise aus weniger attraktiven Sektoren (z. B. Fertigung oder Printmedien) in hochbezahlte Positionen in der Technologie- oder Finanzbranche. Und da das Gras auf der anderen Seite immer grüner erscheint, wechseln Menschen manchmal auch zwischen gleich attraktiven Positionen: So kann ein Junior-Investmentbanker ein MBA-Studium absolvieren, um Unternehmensberater zu werden – und umgekehrt. Allerdings ist ein Karrierewechsel oft schwierig oder unvorhersehbar. Später gehen wir auf den berüchtigten „Triple

Jump" ein, also die Probleme, die entstehen, wenn man versucht, Branche, Funktion und Standort gleichzeitig zu wechseln.

4. Auffrischung von Managementwissen
Sie verfügen bereits über mehrere Jahre Berufserfahrung und haben das Gefühl, Ihr Wissen aktualisieren zu müssen. Schließlich verändert sich unser wirtschaftliches Umfeld, getrieben durch Forschung und technologische Entwicklungen, so rasant, dass Wissen, das vor Jahren oder Jahrzehnten erworben wurde, schnell veraltet oder obsolet sein kann.

Dieses Argument ist leicht nachzuvollziehen. Denken Sie nur an Technologien, Unternehmen und Arbeitsweisen, die es vor wenigen Jahren noch nicht gab: Amazons Alexa gibt es erst seit 2015; TikTok kam 2016 auf den Markt; und selbst Tinder ist kaum älter als zehn Jahre. Welche Auswirkungen hat das auf das Marketing von Konsumgüterunternehmen? Oder denken Sie an das enorme Wachstum von Homeoffice-Arbeit, das während der COVID-Pandemie stark beschleunigt wurde. Wie hat das die Personalpolitik und -praxis verändert? Und was ist mit Veränderungen in der Fertigungstechnologie, wie etwa 3D-Druck? Welche Folgen hat das beispielsweise für Produktion, Lagerhaltung oder Distribution von Produkten? Überall sehen wir Veränderungen! Und wie ein Strudel, der alles mit zunehmender Geschwindigkeit erfasst, beschleunigt sich das Tempo des technologischen Wandels. Innovationen sind meist miteinander verknüpft, und Veränderungen in einem Bereich führen oft zu Veränderungen in anderen Feldern. Im MBA-Studium analysieren und diskutieren Sie die Auswirkungen und Chancen aktueller Innovationen. In einem guten MBA-Programm werden Sie zudem dazu angeregt, über zukünftige Trends nachzudenken, die unser Arbeiten und Handeln verändern könnten. Ein MBA ist somit ein hervorragendes Mittel, um Ihr Wissen über die Herausforderungen und Chancen von Innovationen im Unternehmensumfeld und für Ihre eigene Tätigkeit auf den neuesten Stand zu bringen.

5. Unternehmertum erkunden
Sie haben eine oder mehrere vielversprechende Geschäftsideen und möchten ein kommerzielles Start-up oder ein Sozialunternehmen gründen. Leider hat Sie Ihr Erststudium nicht auf die Rolle als Unternehmer

vorbereitet. Die Gründung eines neuen Unternehmens erfordert strategisches Wissen, funktionales Wissen und Führungskompetenzen – all das können Sie in einem guten MBA-Programm erwerben.

Der zuvor beschriebene „Innovationsstrudel" bietet eine Fülle von Möglichkeiten für neue Start-ups und Gründer. Dies deckt sich mit dem Bestreben vieler Business Schools, ihren positiven Beitrag zur Gesellschaft zu demonstrieren. Daher haben viele Business Schools in „Business Incubators", „Accelerators" und „Start-up Labs" investiert, die Studierende dabei unterstützen, ihre unternehmerischen Ideen in die Realität umzusetzen. Später im Buch werden wir einige Beispiele im Detail betrachten. An dieser Stelle sollten Sie wissen, dass das Angebot und die Unterstützung der Business Schools in diesem Bereich sehr unterschiedlich sind. Wenn Ihre Motivation für ein MBA-Studium mit dem Ziel einer Unternehmensgründung verbunden ist, sollten Sie daher genau prüfen, welche Unterstützung die verschiedenen Business Schools bieten.

6. Netzwerken für internationalen Erfolg
Sie arbeiten überwiegend in einem nationalen Umfeld und möchten eine globale Perspektive sowie ein stärkeres internationales Netzwerk aufbauen, um in Ihrer nächsten Position eine internationale Verantwortung zu übernehmen.

Auch wenn wir die internationale Dimension betonen, ist das Networking im Rahmen eines MBA-Studiums natürlich auch im nationalen Kontext von Bedeutung. Einer der Autoren traf während seiner Lehrtätigkeit in einem Executive-MBA-Programm in China auf einen Studenten, der ihm erzählte, dass er gleichzeitig in zwei EMBA-Programmen eingeschrieben sei. Er hatte nicht unbedingt vor, beide Programme abzuschließen, wollte aber sein Netzwerk an Kommilitonen ausbauen. Auch wenn dies ein Extremfall ist, sollte der Netzwerkaspekt von MBA-Programmen nicht unterschätzt werden. Wir haben viele MBA-Teilnehmer kennengelernt, die gemeinsam Unternehmen gegründet, sich gegenseitig Jobs in ihren Unternehmen angeboten, Stellenangebote von Alumni erhalten oder sich bei wichtigen Geschäftskontakten unterstützt haben. Zudem verfügen praktisch alle Business Schools über Alumni-Vereinigungen: Plattformen, über die MBA-Absolventen nach dem Abschluss in Kontakt bleiben. Durch die Organisation von Treffen, Lernveranstaltungen oder branchenspezifischen Diskussionsrunden bieten diese Alumni-Vereinigungen echten Mehrwert für die Absolventen (wir widmen diesem Thema ein eigenes Kapitel). Auch hier gilt: Wie aktiv die Business Schools sind und was sie ihren Alumni bieten, ist unterschiedlich. Und auch wenn das Leben nach dem Abschluss bei der Programmauswahl oft weit entfernt scheint, sollte die Qualität des Alumni-Netzwerks ganz oben auf Ihrer Prioritätenliste stehen.

7. Eine Zeitlücke sinnvoll nutzen
Sie haben gerade ein Kind bekommen und Ihr Arbeitgeber gewährt Ihnen und/oder Ihrem Partner eine längere Elternzeit. Oder Sie wurden von Ihrem Unternehmen freigestellt und haben eine angemessene Abfindung erhalten. Wenn Sie sich die Zeit nehmen können, bietet sich die Gelegenheit, Ihr Managementwissen durch ein passendes MBA-Programm zu erweitern. Diese Möglichkeit ist besonders wertvoll in wirtschaftlichen Abschwungphasen, wenn es schwieriger ist, eine lukrative Stelle zu finden. Viele ambitionierte Nachwuchsführungskräfte (insbesondere im Finanzbereich) legen ihr MBA-Studium gezielt in eine Rezession oder Finanzkrise, da Bonuszahlungen in solchen Zeiten ohnehin gering ausfallen.

Die potenzielle Chance, die sich aus einer Elternzeit ergibt, ist ein spezieller Fall, der stark von den persönlichen Umständen und dem familiären, freundschaftlichen und unterstützenden Netzwerk abhängt, auf das Sie zurückgreifen können. Einerseits bietet eine ausreichend lange Elternzeit die Möglichkeit, sich auf den nächsten Karriereschritt zu konzentrieren – und eine Möglichkeit dazu ist die Investition in ein MBA-Studium. Andererseits kann der Nachwuchs Sie so sehr beanspruchen, dass Sie nicht genug Zeit für ein MBA-Programm aufbringen können. Es gibt jedoch durchaus Beispiele, die zeigen, dass ein MBA-Studium kurz nach der Geburt eines Kindes funktionieren kann. Wir erinnern uns an Studierende, die während des MBA-Studiums noch gestillt haben. In regelmäßigen Abständen besuchte der Partner mit dem Baby die Hochschule, damit die MBA-Studentin kurz den Unterricht verlassen und sich um ihr Kind kümmern konnte. Natürlich ist das eine große Herausforderung und nicht jeder möchte oder kann das leisten. Dennoch gibt es zahlreiche Beispiele, die zeigen, dass dieses Modell funktionieren kann.

8. Unternehmenssponsoring nutzen
Ihr Arbeitgeber erkennt Ihr Potenzial und bietet Ihnen an, Ihr MBA-Studium zu finanzieren und/oder Ihnen zusätzliche Lernzeit zu gewähren. Dies ist häufig in der Beratungsbranche der Fall, wo ein MBA fast als „Ritterschlag" für die Beförderung vom Analysten zum Associate oder darüber hinaus gilt.

Eine solche glückliche Situation ist mit einem Lottogewinn vergleichbar. Sie wären ein äußerst begehrter Bewerber für die meisten Business Schools, da die Investition Ihres Arbeitgebers in Ihre Weiterbildung darauf hindeutet, dass Sie sehr geschätzt werden und in Ihrer aktuellen Position gute Leistungen erbracht haben. Auch die Tatsache, dass Sie nach dem Abschluss eine garantierte Stelle haben, ist für Business Schools von großer Bedeutung – nicht zuletzt, weil sie diese Daten für verschiedene Rankings melden und die Beschäftigungsquote nach dem MBA einen erheblichen Einfluss auf die Platzierung hat. Natürlich gibt es auch Fälle, in denen Arbeitgeber ein MBA-Studium im Rahmen eines Abfindungspakets finanzieren, aber wir konzentrieren uns hier auf die positiven Aspekte. Das Sponsoring und die Unterstützung Ihres Arbeitgebers geben Ihnen die Möglichkeit, wertvolle Zeit in Ihre Weiterbildung zu investieren und Ihren Marktwert zu steigern. Es gibt daher kaum Gründe, ein solches Angebot nicht mit Begeisterung anzunehmen und ein MBA-Studium Ihrer Wahl zu beginnen.

Allerdings ist ein Unternehmenssponsoring meist an Bedingungen geknüpft: In der Regel müssen Sie sich verpflichten, nach Abschluss des MBA noch zwei oder drei Jahre für Ihren Arbeitgeber tätig zu sein; andernfalls werden Sie voraussichtlich die für Ihr Studium aufgewendeten Kosten zurückzahlen müssen. Diese Ausstiegsklausel ist sehr wichtig, da sie Ihnen die Freiheit gibt, ein Angebot eines anderen Unternehmens anzunehmen, wenn das Gesamtpaket aus Gehalt und Bonus attraktiver ist als Ihr aktuelles Gehalt abzüglich der Rückzahlung der Studiengebühren.

Erkunden Sie die Psychografie

Nur Sie selbst wissen, welcher der acht Gründe für ein MBA-Studium Ihre Situation am besten beschreibt. In diesem Zusammenhang ist es interessant zu erwähnen, dass der Graduate Management Admission Council (GMAC), die Organisation, die den bekannten GMAT-Test durchführt, den viele Business Schools zur Auswahl ihrer Bewerber nutzen, MBA-Bewerber in folgende Segmente einteilt: (i) Anerkennungssuchende, (ii) globale Aufsteiger, (iii) ausgewogene Karrieristen, (iv) Karriereerneuerer, (v) sozioökonomische Aufsteiger, (vi) Kompetenzverbesserer und (vii) wirkungsorientierte Innovatoren.[1] Diese sieben Kategorien überschneiden sich mit den acht Motivationen, die wir oben dargelegt haben. Es kann sinnvoll sein, Ihre Beweggründe für ein MBA-Studium mit den von GMAC vorgeschlagenen psychografischen Segmenten und den von uns diskutierten Motivationen abzugleichen – vielleicht lernen Sie dabei sogar etwas Neues über sich selbst.

Finden Sie Ihr Ikigai

Egal, ob Sie für einen Großkonzern, ein kleines oder mittleres Unternehmen (KMU), eine staatliche Institution oder eine Nichtregierungsorganisation (NGO) arbeiten – wenn Sie reflektiert, ehrgeizig und engagiert sind, versuchen Sie vermutlich, Ihr „Los" zu optimieren, um Ihr „Ikigai" zu finden (siehe Abb. 1.1).

Die Entscheidung, ein MBA-Studium mit dem japanischen Ikigai-Konzept in Verbindung zu bringen, mag zunächst zu groß oder zu philosophisch erscheinen. Wir sind jedoch der Überzeugung, dass die Motivation, Energie, Zeit und Geld in ein MBA-Studium zu investieren, auf Ihrem Lebenssinn basieren sollte. Wäre es nicht ideal, wenn das, was Sie lieben, worin Sie gut sind, was die Welt braucht und wofür Sie bezahlt werden können, tatsächlich zusammenfiele? Insofern ist es weniger abwegig, als es klingt, zu überlegen, wie ein MBA-Studium Ihnen

---

[1] GMAC (o. J.).

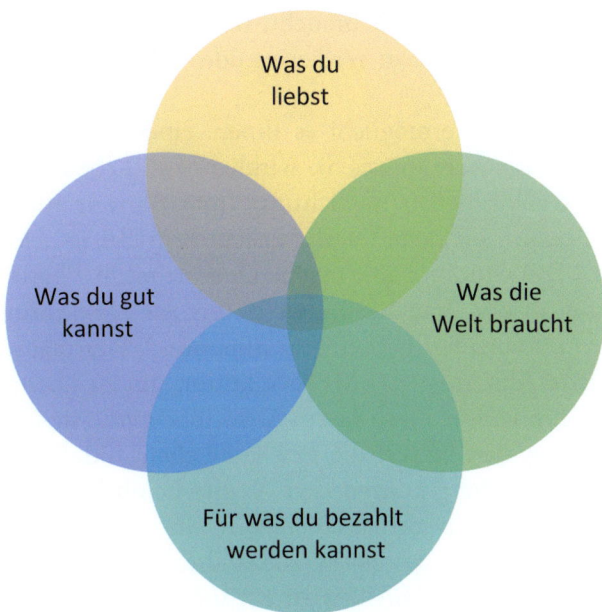

Abb. 1.1 Ikigai – Japanisches Konzept, das den Lebenssinn oder die Daseinsberechtigung darstellt, eigene Abbildung der Autoren

helfen kann, Ihr Ikigai zu finden. Im Kern sollten Sie herausfinden, wie ein MBA positiv zu dem beitragen kann, was Sie im Leben erreichen möchten.

Natürlich ist es nicht immer einfach, eine derart ganzheitliche Perspektive einzunehmen, und es ist auch nicht selbstverständlich. Es ist schwierig, weil Sie sich vielleicht nicht darüber im Klaren sind, worin Sie gut sind oder was Ihnen wirklich Freude bereitet. Im Verlauf Ihres MBA-Studiums werden Sie Ihre Selbstwahrnehmung durch diagnostische Tests und Kurse zur Entwicklung Ihrer Soft Skills zwangsläufig verbessern. So kann es sein, dass Sie beispielsweise Gefallen an Finanzen finden – einem Bereich, mit dem Sie bisher vielleicht wenig Berührung hatten. Durch den zunehmenden Fokus auf Nachhaltigkeit und gesellschaftliche Verantwortung in MBA-Programmen erhalten Sie zudem

Einblicke darin, was die Welt braucht, und erkennen, wo es kommerzielle Chancen gibt, mehr zu verdienen oder schneller Karriere zu machen.

Ein MBA-Studium ermöglicht es Ihnen, einen Schritt zurückzutreten und (neu) zu bewerten, was Sie wirklich vom Leben erwarten. Dies kann zu einer völlig neuen Ausrichtung Ihrer Karriere führen. Ein interessantes Beispiel aus dem Vienna Executive MBA ist Alexandra. Sie begann das MBA-Studium mit einem Doktortitel in Pharmazie. Nach fast 20 Jahren in der Branche, in der sie bis zur Direktorin mit europaweiter Verantwortung bei einem führenden Pharmaunternehmen aufstieg, nutzte Alexandra das MBA-Studium, um zu überdenken, was sie im Leben tun wollte. Nach ihrem Abschluss wurde sie Geschäftsführerin einer führenden NGO, die sich auf Lebensmittelverschwendung und Armutsbekämpfung konzentriert. Wahrscheinlich hat dieser Wechsel von der Pharmaindustrie zu einer NGO ihr Einkommen reduziert, aber offenbar ihr Glück gesteigert. Alexandra liebt, was sie tut, bringt ihre Erfahrung und ihr MBA-Wissen ein und ist in ihrem Job sehr erfolgreich. Sie widmet sich zudem einer Aufgabe, die die Welt braucht, und wird dafür bezahlt, etwas Gutes zu tun. Kurz gesagt: Alexandra hat ihr wahres Ikigai gefunden.

Stellen Sie sich den Herausforderungen

Zugegeben, die meisten MBA-Absolventen arbeiten nicht für Wohltätigkeitsorganisationen oder andere NGOs. Dennoch war das MBA-Studium für viele Absolventen lebensverändernd. Tatsächlich ist das Internet voll von Blogs, in denen MBA-Absolventen ihre lebensverändernden Erfahrungen schildern.[2] Manche Business Schools werben sogar explizit mit dem lebensverändernden Potenzial ihrer Programme. Zu den führenden europäischen Business Schools, die die transformative

---

[2] Siehe zum Beispiel Frankfurt School Blog (2021), Krajcovic (2018), EDHEC Business School (2021).

Wirkung ihrer Programme hervorheben, zählen ESADE[3] in Spanien, Aalto[4] in Finnland und die Warwick Business School[5] in Großbritannien

Auch wenn wir empfehlen, den Begriff „lebensverändernd" mit Bedacht zu verwenden – denn nicht alle MBA-Absolventen erleben so dramatische und grundlegende Veränderungen wie im obigen Beispiel –, bietet ein gutes MBA-Programm definitiv mehr als aktuelle Managementkenntnisse. Ein gutes MBA-Studium fordert Sie auf vielfältige Weise heraus und verändert Sie als Person. Nach Abschluss eines MBA werden Sie Ihre Stärken, Schwächen und Grenzen deutlich besser kennen. Im Folgenden listen wir acht (wieder die Glückszahl!) Herausforderungen auf, die zu Ihrer persönlichen Entwicklung während des MBA beitragen:

1. Sie werden *intellektuell* gefordert, da Sie sich neues Wissen aneignen müssen
2. Ihre *rhetorischen Fähigkeiten* werden gefordert, da Sie beispielsweise in Fallstudien im Unterricht Ihre Position vertreten müssen
3. Ihre inter *kulturelle Sensibilität* wird gefordert, da Sie wahrscheinlich mit Kommilitonen aus unterschiedlichen Kulturen und mit verschiedenen Wertvorstellungen zusammenarbeiten
4. Ihre Fähigkeiten im *Zeitmanagement und in der Priorisierung* werden gefordert, da Sie Fristen für verschiedene Projekte, Aufgaben und Bewerbungsgespräche koordinieren müssen
5. Ihre *Führungskompetenzen* werden gefordert, da Sie in Teams arbeiten die erfordern, andere zu motivieren und zu organisieren
6. Ihre *Präsentationsfähigkeiten* werden gefordert, da Sie die Ergebnisse Ihrer Projekte vor Kommilitonen, Professoren und möglicherweise auch vor Führungskräften von Unternehmen präsentieren müssen, die an sogenannten Live Cases teilnehmen

---

[3] Esade (o. J.).
[4] Aalto EE (o. J.).
[5] Warwick Business School (o. J.).

7. Ihre *Forschungsfähigkeiten* werden gefordert, da Sie für eine Vielzahl von Projekten Daten erheben und analysieren müssen
8. Ihre *Schreibkompetenz* wird gefordert, da Sie Dutzende von Berichten, Essays und Executive Summaries verfassen müssen

Natürlich gibt es noch weitere Herausforderungen, die nicht im Inhalt des MBA-Studiums selbst liegen, sondern mit dem MBA-Studium verbunden sind. Zunächst sollten Sie sich bewusst sein, dass ein MBA-Studium einen erheblichen Zeitaufwand erfordert, der mit anderen Verpflichtungen in Einklang gebracht werden muss. Besonders relevant sind in diesem Zusammenhang Familie und Freunde sowie – falls Sie sich für ein berufsbegleitendes MBA-Programm entscheiden – auch Ihr Arbeitgeber und Ihre laufenden beruflichen Verpflichtungen. Es ist daher unerlässlich, dass Ihr Partner (sofern vorhanden), Ihre Familie und gegebenenfalls Ihr Arbeitgeber Ihr Studium unterstützen, da Sie während des MBA-Studiums zwangsläufig weniger Zeit für sie haben werden.

Managen Sie Ihre Zeit

Viele MBA-Aufgaben sind so angelegt, dass man immer noch mehr tun könnte: mehr Zeit für die Datenerhebung, mehr Zeit für die Analyse eines Falls, mehr Zeit für die Vorbereitung einer Präsentation oder für die Hintergrundlektüre. Und da die meisten MBA-Studierenden ehrgeizig sind, besteht die Versuchung, genau das zu tun – und dabei Familie, Freunde und Arbeit zu vernachlässigen. Das ist selbstverständlich nicht das gewünschte Ergebnis eines MBA-Studiums. Leider gibt es kein Patentrezept, wie Sie die richtige Balance zwischen dem MBA-Studium und anderen Anforderungen an Ihre Zeit finden. Im MBA werden Sie den Begriff „Satisficing" kennenlernen: das Streben nach einem lediglich ausreichenden/zufriedenstellenden Ergebnis statt nach dem optimalen. Was für Sie richtig ist, muss nicht für andere passen. Ein guter Ansatz, um das potenzielle Problem zu entschärfen, ist jedoch, sich bewusst zu machen, dass es nicht nur die Gefahr gibt, sich zu wenig dem MBA-Studium zu widmen, sondern auch die Gefahr, sich zu sehr darauf zu fokussieren – zum Nachteil anderer wichtiger Lebensbereiche.

Zusammenfassung

Zusammenfassend hier die wichtigsten Punkte: Erstens gibt es zahlreiche gute Gründe, ein MBA-Studium zu beginnen, aber die Entscheidung sollte nicht leichtfertig getroffen werden. Wir empfehlen Ihnen, ganzheitlich zu denken, um zu beurteilen, wie ein MBA zu Ihren Lebenszielen beitragen kann. Zweitens bietet ein gutes MBA-Programm mehr als Managementwissen. Es fordert Sie auf vielfältige Weise heraus, gibt Ihnen die Möglichkeit, Ihre Stärken, Schwächen und Grenzen kennenzulernen, und kann zu einer wirklich transformativen Erfahrung werden. Und schließlich: ein MBA ist immer Teamarbeit. Stellen Sie sicher, dass Sie Familie, Beruf und soziale Verpflichtungen mit den Anforderungen des Programms in Einklang bringen können.

Literatur

Aalto EE. (n. d.). *Aalto MBA*. https://www.aaltoee.fi/en/programs/aalto-mba. Zugegriffen: 5. Aug. 2022.

EDHEC Business School. (2021). *EDHEC global MBA: The beginning of a life changing experience*. https://www.edhec.edu/en/news/edhec-global-mba-beginning-life-changing-experience. Zugegriffen: 6. Aug. 2022.

Esade. (n. d.). *Full time MBA - FTMBA - Life-changing experience*. https://www.esade.edu/mba/en/programmes/full-time-mba/why-were-different/life-changing-experience. Zugegriffen: 5. Aug. 2022.

Frankfurt School Blog. (2021). *Why my executive MBA was a life-changing experience*. https://blog.frankfurt-school.de/why-my-executive-mba-was-a-life-changing-experience/. Zugegriffen: 6. Aug. 2022.

GMAC. (n. d.) *Global GME candidate segmentation*. https://www.gmac.com/market-intelligence-and-research/market-research/global-gme-candidate-segmentation. Zugegriffen: 4. Sept. 2022.

Krajcovic, J. (2018). *My MBA - A life changing experience*. https://www.linkedin.com/pulse/my-mba-life-changing-experience-jakub-krajcovic/. Zugegriffen: 6. Aug. 2022.

Warwick Business School. (n. d.) MBA courses. https://www.wbs.ac.uk/courses/mba/. Zugegriffen: 5. Aug. 2022.

2

Wie man eine Business School und ein MBA-Programm auswählt

Zurück zu den Wurzeln

In diesem Kapitel zeigen wir, wie heterogen Business Schools sind, und argumentieren, dass MBA-Bewerber ihre Stärken und Schwächen sowie ihre zukünftigen Entwicklungsziele mit den Profilen der Business Schools, bei denen sie sich bewerben möchten, abgleichen sollten. Im Folgenden werfen wir zunächst einen kurzen Blick auf die Geschichte der Business Schools, um einen Kontext zu schaffen.

Während die Ökonomie seit dem antiken Griechenland (z. B. Platon)[1] ein Teilbereich der Philosophie und der Rechtswissenschaften war, entwickelte sie sich erst mit Autoren wie Adam Smith (der *Wohlstand der Nationen*, 1776)[2] als eigenständiges akademisches Fach, das als politische Ökonomie bezeichnet wurde, als diese begannen, Handelsbeziehungen zwischen Ländern zu theoretisieren. Die Ökonomie als eigenständige Disziplin lässt sich auf Alfred Marshall zurückführen, der 1890 ein Buch mit dem Titel „Economics" veröffentlichte. Angesichts der

---

[1] Reisman (2021).
[2] Smith (2010).

langen Geschichte der Ökonomie erscheint es erstaunlich, dass Business Schools eine längere Tradition haben als wirtschaftswissenschaftliche Fakultäten an Universitäten.[3]

Die ersten europäischen Business Schools

Die *Aula do Comércio* (Handelsschule) war die weltweit erste staatlich geförderte Schule, die sich auf die Lehre des Handels, einschließlich Buchhaltung, spezialisierte. Sie wurde 1759 vom portugiesischen Handelsrat, der *Junta do Comércio*, gegründet und 1844 geschlossen.[4] Die ESCP Paris, gegründet 1819, gilt als die älteste noch bestehende vollwertige Business School der Welt.[5] Es folgte 1852 die Gründung zweier konkurrierender Handelshochschulen in Antwerpen (der Rijkshandelshogeschool und der Sint-Ignatius Handelshogeschool),[6] 1857 die weltweit erste öffentliche Business School in Budapest,[7] und 1868 die Ca' Foscari Universität in Venedig.[8]

Die ersten US-amerikanischen Business Schools

Erst 1881 wurde die Wharton School der University of Pennsylvania gegründet. Sie wird häufig, aber fälschlicherweise, als die weltweit erste Business School bezeichnet. Bis heute beschreibt sich Wharton auf ihrer Website als „die weltweit erste College-basierte Business School."[9] Beachten Sie, wie das Attribut „College-basiert" den Anspruch auf die historische Erststellung prägt (also als College innerhalb einer Universität und nicht als eigenständige Business School)! 1900 wurde mit der Tuck

---

[3] Brouwer (2012).
[4] Rodrigues et al. (2004).
[5] ESCP Europe (n. d.).
[6] University of Antwerp (n. d.) und UCSIA (n. d.).
[7] Budapesti Gazdasági Egyetem (n. d.).
[8] Ca' Foscari (n. d.).
[9] The Wharton School (n. d.).

School of Business am Dartmouth College die erste Graduate School of Management in den USA gegründet. Tuck ist in der Geschichte der Business Schools besonders bedeutsam, da sie den ersten Master of Science in Commercial Sciences verlieh. 1908 wurde das erste MBA-Programm von der Harvard Graduate School of Business Administration eingeführt, und 1943 entstand an der University of Chicago, Booth School of Business, das erste Executive MBA (EMBA)-Programm.[10] Zu dieser Zeit wurden MBAs ausschließlich von amerikanischen Universitäten angeboten.[11] Erwähnenswert ist auch die Gründung der Thunderbird School of Global Management[12] im Jahr 1946, damals noch American Institute for Foreign Trade genannt. Thunderbird war die erste Graduate School of Management, die sich ausschließlich auf internationales Management spezialisierte.

Der internationale Erfolg des MBA

Erst 1950 wurde das erste MBA-Programm außerhalb der Vereinigten Staaten von der Ivey School of Business an der University of Western Ontario in Kanada eingeführt.[13] Ein Jahr später folgte die University of Pretoria in Südafrika.[14] Auf dem indischen Subkontinent waren das Indian Institute of Social Welfare and Business Management in Kolkata[15] und das Institute of Business Administration an der University of Karachi[16] die ersten Institutionen, die 1953 bzw. 1955 MBA-Abschlüsse anboten. 1957 wurde INSEAD in Frankreich[17] die erste europäische Business School, die einen MBA verlieh. In der folgenden Dekade wurden zahlreiche neue Business Schools und MBA-Programme gegründet, da-

---

[10] Schlegelmilch (2020).
[11] Leach (1993).
[12] Thunderbird School of Global Management (n. d.).
[13] Ivey Business School (n. d.).
[14] University of Pretoria (n. d.).
[15] IISWBM (n. d.).
[16] Pakistani.pk (n. d.).
[17] INSEAD (n. d.).

runter die ESAN University Graduate School of Business in Lima,[18] die erste Graduate Business School in Lateinamerika, sowie renommierte Institutionen im Vereinigten Königreich wie die Manchester Business School[19] und die London Business School,[20] beide gegründet 1965.

China schließlich erlebte eine der dynamischsten Entwicklungen. Obwohl es bereits vor dem Zweiten Weltkrieg eine kaufmännische Ausbildung gab,[21] ist die Geschichte der MBA-Programme dort noch jung. Die ersten neun MBA-Programme in China wurden erst 1991 eingeführt[22]; heute gibt es im Land mehr als 240 MBA-Programme.[23] Inzwischen zählen mehrere chinesische Business Schools zu den besten der Welt[24] und der Trend, MBAs in China anzubieten statt Studierende ins Ausland zu schicken, beschleunigt sich.[25]

Die typische Business School gibt es nicht

Die Geschichte der Business Schools, gegründet von ehemaligen napoleonischen Soldaten (ESCP Paris), Jesuiten (Antwerpen), per königlichem Dekret (Ca' Foscari), von Privatpersonen (Wharton), Kaufleuten und Bankiers (Budapest) oder vom chinesischen Bildungsministerium (das 1991 neun Universitäten zur Durchführung der ersten chinesischen MBA-Programme autorisierte), zeigt bereits ihre Vielfalt. Tatsächlich gibt es keine *typische* Business School!

Laut AACSB gibt es weltweit mehr als 16.000 Institutionen, die betriebswirtschaftliche Abschlüsse verleihen.[26] Nicht alle davon bieten MBAs an, manche Institutionen offerieren jedoch mehrere MBA-Programme.

---

[18] ESAN (n. d.).
[19] Alliance MBS (n. d.).
[20] London Business School (n. d.).
[21] eChinacities.com (2009).
[22] Lin and Ma (2012).
[23] Sohu.com (2020).
[24] The Financial Times (2021).
[25] Jack (2018).
[26] AACSB (2023).

Allein in Indien wird die Zahl der Business Schools auf über 3.000 geschätzt; genaue Zahlen existieren nicht. Die Schätzung der Marktgröße wird zusätzlich dadurch erschwert, dass es Schulen gibt, die lediglich Abschlüsse anbieten, die von anderen Hochschulen validiert werden. Diese Institutionen sind häufig, aber nicht ausschließlich, im Ausland ansässig; viele australische, britische, kanadische und neuseeländische Universitäten sind im „Validierungsgeschäft" tätig.[27] Unsere beste Schätzung – eine sehr grobe – ist daher, dass es weltweit etwa 12.000 bis 16.000 MBA-Programme gibt.

Es gibt noch einen weiteren Grund, warum niemand die genaue Zahl kennt. Manche Programme tragen zwar das Label MBA, bieten aber keinen MBA im eigentlichen Sinne! Würden Sie zum Beispiel die Wochenend-Mini-MBAs, die von einer Firma über einer Metzgerei angeboten werden, als MBA-Programm zählen? Was ist mit Programmen, die großzügig Credits für „Lebenserfahrung" vergeben? Und wie steht es um MBA-Programme, bei denen keiner der Teilnehmer einen Erstabschluss hat? Wer ein passendes MBA-Programm sucht, das zu den eigenen Bedürfnissen passt, sollte vor allem darauf achten, dass das Programm von einer glaubwürdigen Business School angeboten wird.

Im Folgenden listen wir acht (Glückszahl) Merkmale auf, die Business Schools und ihre MBA-Programme prägen. Diese acht Merkmale stellen keineswegs eine vollständige Taxonomie dar. Die von uns ausgewählten Kriterien haben jedoch alle einen direkten Einfluss auf die Erfahrungen, die Sie während (und möglicherweise auch nach) des Programms machen werden. Bevor Sie ein MBA-Programm auswählen, das zu Ihren Bedürfnissen passt, sollten Sie daher die Unterschiede zwischen Business Schools und zwischen MBA-Programmen sowie deren Auswirkungen auf verschiedene Bewerbertypen gut verstehen. Hier sind einige der wichtigsten Merkmale, die Sie berücksichtigen sollten.

1. Unterschiedliche Größen von MBA-Programmen
Die Anzahl der Studierenden in Ihrem MBA-Programm beeinflusst Ihre Erfahrung maßgeblich. Einige der weltweit renommiertesten

---

[27] The Economist (2011).

Programme verzeichnen zugleich die höchsten Studierendenzahlen (Harvard ca. 1600 Studierende; Columbia ca. 1500 Studierende; INSEAD ca. 1000 Studierende; Indian School of Business ca. 800 Studierende). Doch keine Sorge: Die Studierenden sitzen nicht alle gemeinsam in einem großen Hörsaal, sondern besuchen ihre Kurse in parallelen Gruppen. Dennoch bieten einige Boutique-Programme ihren Teilnehmenden ein deutlich persönlicheres und intimeres Lernerlebnis (IEEM in Montevideo, Uruguay <50 Studierende; IEDC-Bled School of Management in Bled, Slowenien <50 Studierende). Offensichtlich ist der Grad an individueller Betreuung und persönlicher Zuwendung in Programmen mit kleinen MBA-Kohorten in der Regel höher.

Dennoch gibt es zahlreiche Vorteile, die für größere Programme sprechen. Zum einen bieten sie mehr Möglichkeiten zum Networking, was bei der Suche nach Geschäftspartnern oder beim Berufseinstieg hilfreich sein kann. Darüber hinaus verfügen größere Programme nach den für alle Teilnehmenden verpflichtenden Kernkursen meist über ein breiteres Angebot an Wahlfächern. Aus Sicht der Studierenden ermöglichen diese eine gezieltere Spezialisierung gegen Ende des MBA-Studiums. Ein weiterer potenzieller Vorteil ist die größere Heterogenität hinsichtlich der Hintergründe und Meinungen der Teilnehmenden, was Fallstudien und Projektarbeiten in der Regel bereichert. Tatsächlich verlangt eines der AMBA-Akkreditierungskriterien eine Mindestgröße von 20 MBA-Studierenden, die als eigenständige Lerngruppe unterrichtet werden, um gegenseitiges Lernen, Interaktion auf Augenhöhe und Diversität zu fördern. Auch bei Studienreisen gibt es oft mehr Auswahlmöglichkeiten, ebenso wie bei der Vielfalt des Lehrkörpers, der für die Betreuung von Projekten und MBA-Abschlussarbeiten zur Verfügung steht (sofern dies im jeweiligen Programm vorgesehen ist – nicht alle MBA-Programme verlangen eine Abschlussarbeit).

Ein wichtiger Indikator, auf den Bewerberinnen und Bewerber achten sollten, ist das Verhältnis von Lehrenden zu Studierenden. Bei einem Verhältnis von etwa 20 Prozent, also einer Lehrperson auf fünf MBA-Studierende, sind die Chancen auf individuelle Betreuung durch die Fakultät offensichtlich sehr gut. Allerdings variiert dieses Verhältnis stark.[28] Ist das MBA-Programm in eine größere Business School oder Universität eingebettet, kann auch das generelle Lehrenden-Studierenden-Verhältnis der Institution relevant sein, sofern auch Lehrende, die nicht im MBA unterrichten, Projekte betreuen.

2. Unterschiedliche Grade an Internationalisierung und Diversität
Wir vertreten die Auffassung, dass eine internationale Ausrichtung dazu beiträgt, die Perspektiven von MBA-Studierenden zu erweitern, indem sie interkulturelle Sensibilität, Wertschätzung unterschiedlicher Organisationssysteme und Werte sowie ein besseres Verständnis für die Chancen und Herausforderungen von Führungskräften in verschiedenen sozialen, wirtschaftlichen, rechtlichen und technologischen Umfeldern fördert. Business Schools verfügen über verschiedene Möglichkeiten, die Entwicklung einer internationalen Orientierung bei ihren MBA-Studierenden zu unterstützen. Am offensichtlichsten ist die Mischung der Nationalitäten in der Studierendenschaft. Die MBA-Rankings der Financial Times berichten beispielsweise über den Anteil internationaler Studierender, der von 100 % bei internationalen Programmen wie der ESCP Business School mit Standorten in verschiedenen europäischen Ländern bis zu 0 % beim Indian Institute of Management in Bangalore reichen kann.[29] Weitere Internationalisierungskennzahlen sind der Anteil internationaler Lehrender, die internationale Kurserfahrung – etwa durch Austauschprogramme und Praktika – sowie gelegentlich auch Fremdsprachenanforderungen. Manche Business Schools verlangen zudem, dass ihre MBA-Studierenden an internationalen Projekten mit MBAs von Business Schools in anderen Ländern teilnehmen. Typische Projekte, oft in Zusammenarbeit mit Unternehmen, sind Markteintrittsprojekte, die Entwicklung von Businessplänen oder die Konzeption neuer Marketingkampagnen. Studierendenteams verschiedener MBA-Programme können dabei per Videokonferenz und anderen Kollaborationstools zusammenarbeiten, ohne ihren Heimatstandort zu verlassen.

---

[28] MBA Guide (2021).
[29] The Financial Times (2022).

Ein Indikator für den Internationalisierungsgrad von Business Schools sind die Partnerschaften, in denen die Schulen engagiert sind. „Sage mir, mit wem du dich umgibst" ist hier eine hilfreiche Faustregel: Die renommiertesten internationalen Netzwerke umfassen die führenden Marken, sodass diese in der Regel bessere Möglichkeiten für Austausch, Fallstudienwettbewerbe und gemeinsame Teamprojekte bieten. So ist das Partnership in International Management (PIM)[30] ein Netzwerk des „gegenseitigen Anerkennens" von 69 führenden Business Schools, das es Studierenden ermöglicht, unkompliziert ein Austauschsemester an einer Partnerschule innerhalb des Netzwerks zu absolvieren. Weitere renommierte internationale Netzwerke sind CEMS (ein Konsortium von 34 überwiegend europäischen Schulen mit dem CEMS Master's in International Management), GNAM (Global Network for Advanced Management, 32 Schulen) und FOME (Future of Management Education Alliance, 11 Schulen, mit besonderem Fokus auf die Verbesserung der Online-Lehre). Es muss jedoch betont werden, dass diese Netzwerke *nicht* automatisch für MBA-Studierende offenstehen. Sie signalisieren lediglich, wie international vernetzt eine Business School generell ist.

Ein weiteres wichtiges Unterscheidungsmerkmal zwischen MBA-Programmen ist das Geschlechterverhältnis. Ähnlich wie beim Anteil internationaler Studierender gibt es auch hier erhebliche Unterschiede, die häufig kulturell bedingt sind. In chinesischen MBA-Programmen gibt es oft mehr weibliche Studierende (z. B. Tongji 77 %), während indische Programme häufig Schwierigkeiten haben, Frauen zu gewinnen (z. B. IIM Calcutta 16 %).[31] Natürlich existieren auch weitere Diversitätskriterien. Insgesamt sind wir der Überzeugung, dass Vielfalt hinsichtlich Geschlecht, Ethnie, Nationalität, Alter usw. zu einer positiven Lernerfahrung beiträgt.

---

[30] PIM (o. J.).
[31] The Financial Times (2022).

3. Unterschiedliche organisatorische Rahmenbedingungen

Hier unterscheiden wir zwischen eigenständigen Business Schools und solchen, die in größere universitäre Strukturen eingebettet sind. Während eigenständige Business Schools häufig schneller auf Veränderungen im Umfeld reagieren können, etwa auf die Nachfrage nach neuen Themen (z. B. Marketing Analytics), bieten Business Schools, die Teil einer größeren, multidisziplinären Universität sind, mehr Möglichkeiten zur Zusammenarbeit mit anderen Fachbereichen – was für unabhängige Schulen schwerer zu organisieren wäre. Solche Kooperationen können beispielsweise gemeinsame Inkubatorzentren für unternehmerisch orientierte Studierende in Zusammenarbeit mit Ingenieur- oder IT-Fakultäten oder Kooperationen mit juristischen oder medizinischen Fakultäten umfassen. Einige Universitäten bieten auch Joint-Degree-Programme an, wie etwa das JD/MBA-Programm in Recht und Wirtschaft der University of Chicago Booth Business School und der University of Chicago Law School,[32] oder das gemeinsame MBA/MD-Programm der Yale School of Management und der Yale School of Medicine.[33]

Business Schools weltweit unterscheiden sich auch hinsichtlich ihrer Trägerschaft (öffentlich oder privat), was jedoch meist eine landesspezifische Besonderheit ist, die sich historisch aus der Entwicklung der Managementausbildung im jeweiligen Land ergibt. In Frankreich und Spanien sind beispielsweise die führenden Schulen privat: In Frankreich wurden sie überwiegend von den Handelskammern der jeweiligen Stadt gegründet (HEC-Paris, ESCP, EMLYON, Kedge usw.), während sie in Spanien meist von religiösen Institutionen ins Leben gerufen wurden (IESE – von Opus Dei; ESADE – von den Jesuiten usw.). In Großbritannien hingegen sind alle Top-Business-Schools Teil öffentlicher Universitäten (darunter LBS, Imperial, Cambridge, Oxford). In den USA sind nahezu alle führenden Business Schools privat: alle Ivy-League-Schulen, Stanford, Kellogg (Northwestern), Booth (Chicago); es gibt aber auch einige führende staatliche Hochschulen: Berkeley, UCLA, Georgia Tech.

---

[32] The University of Chicago Booth School of Business (o. J.).
[33] Yale School of Management (o. J.).

In der Spitzengruppe macht die Trägerschaft der Institution für die Qualität des MBA kaum einen Unterschied. In den mittleren und unteren Segmenten ist es jedoch entscheidend, ob die Schule gewinnorientiert oder gemeinnützig ist. Alle weltweit führenden Business Schools (einschließlich aller oben genannten privaten und öffentlichen Einrichtungen) sind gemeinnützig, das heißt, etwaige Überschüsse werden innerhalb der Schule oder der Universität reinvestiert. Private, gewinnorientierte Institutionen sind in der Regel im unteren Segment angesiedelt und investieren stark in Marketing und Rekrutierung. Seien Sie daher besonders vorsichtig, bevor Sie sich für eine solche Institution entscheiden, da diese mitunter zu viel versprechen und zu wenig liefern, was zu enttäuschten Absolventen führen kann.

In der Welt der Business Schools werden gemeinnützige Institutionen, denen es an auffälligem Marketing mangelt, scherzhaft als „verkaufen nicht, was sie tun" beschrieben; während gewinnorientierte Institutionen dafür bekannt sind, „zu verkaufen, was sie nicht tun".

4. Unterschiedliche inhaltliche Schwerpunkte

Der MBA ist per Definition ein generalistisches Programm mit einem ähnlichen Set an Kernfächern. Die AMBA verlangt beispielsweise die Abdeckung von 13 Fachgebieten, damit ein Programm für die AMBA-Akkreditierung in Frage kommt. Die Besonderheiten eines Programms ergeben sich vor allem aus den angebotenen Spezialisierungen und der Positionierung der Business Schools und ihrer MBA-Programme. Das Babson College in Boston ist beispielsweise für seinen Schwerpunkt und seine Expertise im Bereich Entrepreneurship bekannt,[34] INSEAD und die London Business School sind bevorzugte Adressen für MBA-Studierende, die eine Karriere in der Unternehmensberatung anstreben. Ebenso ist die London Business School, wie auch Wharton, für den Bereich Finanzen und insbesondere Investment Banking bekannt, während Kellogg an der Northwestern University weiterhin einen exzellenten Ruf im Marketing genießt. Dennoch haben all diese Programme

---

[34] Babson College (o. J.).

trotz ihrer Ausrichtung auf bestimmte Karrierewege eine generalistische Managementorientierung.

Es gibt auch MBA-Programme, die ihre Spezialisierung bereits im Titel tragen. Typische Beispiele für funktional spezialisierte Programme sind MBAs in Finance, MBAs in Marketing oder MBAs in Entrepreneurship. Daneben existieren branchenspezifische Programme, etwa der MBA in Healthcare Management der UCL School of Global Health in London oder der Aerospace MBA der Toulouse Business School (in der Nähe des Hauptsitzes des europäischen Flugzeugherstellers Airbus). Im Allgemeinen vermittelt ein *generalistischer* MBA Managementwissen, das branchenübergreifend anwendbar ist, indem er alle Fachgebiete etwa gleich gewichtet, während spezialisierte MBAs, auch als Professional MBAs bezeichnet, die Entwicklung von Managementkompetenzen in einer bestimmten Disziplin, zum Beispiel Finanzen, oder einer bestimmten Branche, etwa Gesundheitswesen, in den Vordergrund stellen (auch wenn sie eine generalistische Managementgrundlage bieten, die die meisten bzw. alle relevanten Fachgebiete abdeckt). Solange solche spezialisierten MBAs eine ausreichende generalistische Managementperspektive wahren, kann die Association of MBAs (AMBA) diese grundsätzlich akkreditieren. Ist die Spezialisierung jedoch zu stark auf eine bestimmte Funktion oder Branche ausgerichtet, würde die AMBA argumentieren, dass es sich nicht um einen MBA, sondern um einen spezialisierten MSc handelt, da diese in der Regel enger gefasst und fokussierter sind. Wenn Sie also wirklich einen (generalistischen!) MBA anstreben, sollten Sie darauf achten, dass Ihr gewähltes Programm nicht zu stark spezialisiert ist.

5. Verschiedene Programmformate
MBA-Programme lassen sich hinsichtlich ihres Durchführungsformats in Vollzeit-MBAs, Teilzeit-MBAs, Online-MBAs und Blended-MBAs unterteilen. Vollzeit-MBAs erfordern eine regelmäßige Teilnahme am Programm, in der Regel tagsüber an Werktagen, was es nahezu unmöglich macht, gleichzeitig einer Vollzeitbeschäftigung nachzugehen. In den USA sind Vollzeit-MBAs häufig zweijährige Programme, die sich an Studierende richten, die kürzlich ihren Bachelorabschluss erworben haben und über wenig oder gar keine Berufserfahrung im Bereich

Wirtschaft verfügen. Einige Universitäten der zweiten Reihe, wiederum vor allem in den USA, bieten auch die sogenannten 4 + 1-Programme an. In der Regel werden dabei wirtschaftsbezogene Bachelor-Leistungen auf das anschließende MBA-Programm angerechnet, das dann mit Kursen auf Master-Niveau fortgesetzt wird, um die restlichen MBA-Anforderungen zu erfüllen.[35] Aufgrund des Mangels an Berufserfahrung und der Tatsache, dass einige Fächer nicht wirklich auf Master-Niveau unterrichtet werden, akkreditiert die AMBA solche Programme nicht. In Europa sind Vollzeit-MBAs meist einjährige Programme und nehmen in der Regel Studierende mit einigen Jahren Berufserfahrung auf. Einjährige MBA-Programme erfreuen sich in den letzten Jahren auch an führenden US-Business Schools zunehmender Beliebtheit.[36]

Bewerberinnen und Bewerber, die einen Branchen- oder Funktionswechsel oder einen Ortswechsel anstreben, entscheiden sich typischerweise für einen Vollzeit-MBA.[37] Ein großer Vorteil eines Vollzeit-MBAs kann die Möglichkeit sein, im Rahmen des Programms ein Praktikum zu absolvieren oder ein Auslandssemester beziehungsweise einen kürzeren Auslandsaufenthalt zu machen. Bei zweijährigen MBAs in den USA findet das Praktikum in der Regel im Sommer zwischen dem ersten und zweiten Jahr statt. In kürzeren, einjährigen Vollzeitprogrammen kann ein Praktikum am Ende der akademischen Kurse stehen oder durch ein Beratungsprojekt für ein reales Unternehmen ersetzt werden. Erfolgreiche Praktika führen häufig zu einem Angebot für eine Festanstellung, was den Karrierewechsel erheblich erleichtert.

Teilzeit-MBAs gibt es in unterschiedlichsten Ausprägungen und sie ermöglichen es den Teilnehmenden in der Regel, einer Vollzeitbeschäftigung nachzugehen, während sie ein MBA-Studium absolvieren. Dies kann bedeuten, an einigen Abenden pro Woche zu studieren, donnerstags bis sonntags zu lernen (wobei Urlaub genommen oder eine Freistellung vom Arbeitgeber, der das MBA-Studium unterstützt, in Anspruch genommen wird) oder in längeren Blöcken zu studieren (z. B. eine

---

[35] Bestaccreditedcolleges.org (202CitationRef>).
[36] Mitchell (2021).
[37] Byrne (2019).

Woche alle zwei Monate), wobei auch hier die MBA-Zeit durch Urlaub oder Freistellung vom unterstützenden Arbeitgeber abgedeckt wird. Aus Sicht der Teilnehmenden bieten Teilzeit-MBA-Formate oft eine ideale Möglichkeit, eine Vollzeitbeschäftigung mit einem MBA-Studium zu verbinden. Allerdings ist es nicht einfach, berufliche Verpflichtungen mit den Anforderungen eines MBA-Programms zu vereinbaren, zumal auch familiäre und persönliche Verpflichtungen Zeit beanspruchen. Zudem können sich einige Teilzeitformate über einen langen Zeitraum erstrecken (manchmal zwei bis drei Jahre, wobei sich die durchschnittliche Dauer eines Teilzeit-MBAs in den letzten Jahrzehnten auf etwa 18–24 Monate verkürzt hat) – was an sich schon viel Durchhaltevermögen und Entschlossenheit erfordert.

Erfahrenere Personen (in den Dreißigern oder frühen Vierzigern), die während des MBA-Studiums weiterarbeiten möchten oder müssen, bevorzugen in der Regel Teilzeit-MBAs. Wer Familie, Kinder und eine Hypothek hat, tut sich schwerer, auf das Gehalt zu verzichten und ein Vollzeitstudium aufzunehmen. In der Mitte einer Karriere verursacht ein Arbeitsstopp zudem hohe Opportunitätskosten (entgangenes Einkommen): Eine 26-jährige Person verdient in der Regel weniger als eine 35-jährige, sodass es für Jüngere leichter ist, ihre Anstellung aufzugeben und einen Vollzeit-MBA zu absolvieren.

Modulare Programme (die in der Regel als Executive MBAs/EMBAs bezeichnet werden) werden häufig von Führungskräften bevorzugt, da sie es den Teilnehmenden ermöglichen, ihre beruflichen und familiären Verpflichtungen für einige Tage hinter sich zu lassen und sich ganz dem Studium zu widmen. Das Vermeiden von Multitasking verbessert die Balance zwischen Beruf, Privatleben und Familie. Modulare Programme ziehen zudem eine geografisch vielfältige Teilnehmerschaft an, die oft für die Module anreist, manchmal sogar von einem anderen Kontinent. So besteht das gemeinsam von LBS und Columbia angebotene EMBA-Global aus Modulen, die zwischen London und New York rotieren.[38]

---

[38] EMBA-Global (n. d.).

Die Association of MBAs (AMBA) hat hilfreiche Richtlinien dazu, was einen echten EMBA ausmacht.[39] Typischerweise werden diese Programme in modularer Form für Teilnehmende angeboten, die „über acht Jahre Führungserfahrung verfügen und oft insgesamt 12–15 Jahre Berufserfahrung mit nachweislich zunehmender Verantwortung in ihrer Karriere im Unternehmens-, unternehmerischen, öffentlichen oder Non-Profit-Sektor haben." Dennoch empfehlen wir, vor der Auswahl eines EMBA-Programms immer sorgfältig das Profil der bisherigen Teilnehmenden zu prüfen. Nicht jedes Programm mit dem Label EMBA ist ein „echter" EMBA. Auch beim Begriff „global" ist Vorsicht geboten. Dieser bedeutet nicht automatisch eine stärkere internationale Ausrichtung des Programms oder eine internationalere Teilnehmerschaft. In diesem Zusammenhang eine interessante Randnotiz: In Japan hat die Nagoya University of Commerce and Business (NUCB) den Begriff „Global MBA" als Marke registrieren lassen,[40] mit der Folge, dass andere japanische Business Schools ihre Programme bestenfalls als „International MBA" bezeichnen dürfen.

Die Programme, die sich in den letzten Jahren am stärksten verändert haben, sind die Online-MBAs. Noch vor ein oder zwei Jahrzehnten galten Online-MBAs als das Stiefkind des klassischen Präsenz-MBAs. Die früher eingesetzten Videoaufzeichnungen wurden scherzhaft als „sprechende Köpfe" bezeichnet (ein Professor, der eine Stunde lang in die Kamera spricht). Heute sind Online-MBAs jedoch deutlich interaktiver, mit einer Mischung aus synchroner Interaktion (in Echtzeit, live) und asynchronen (aufgezeichneten) Aktivitäten, Diskussionsforen und Gamification-Elementen. Eine synchrone Durchführung bedeutet, dass alle Teilnehmenden sich zeitgleich mit dem Dozenten einloggen und es Elemente gibt, die eine Interaktion in Echtzeit erfordern (z. B. Fallstudien-Diskussionen). Im asynchronen Modus erhalten die Teilnehmenden in der Regel Zugang zu Online-Lernmaterialien, die nicht live vermittelt werden, wie etwa aufgezeichnete Videovorlesungen. Die meisten dieser Videos enthalten heute Infografiken und Cartoons und

---

[39] Association of MBAs (2021).
[40] Japanese Patent Office (n. d.).

überschreiten in der Regel nicht die Länge von 15–18 Minuten (wie ein TED-Talk). Außerdem kann es erforderlich sein, asynchron an Diskussionsforen teilzunehmen oder Blogbeiträge zu verfassen (innerhalb eines bestimmten Zeitraums). All dies geschieht nicht in Echtzeit, sodass die Teilnehmenden flexibler entscheiden können, wann sie Zeit für ihr MBA-Studium aufwenden. Früher wurden Online-MBAs vor allem von Menschen in abgelegenen Regionen bevorzugt. Heute kann jedoch jeder mit einem vollen Terminkalender und einer anspruchsvollen Karriere ein Online-MBA-Studium wählen, da es erhebliche Flexibilität bietet.

Online-MBAs erfordern keine physische Anwesenheit an einer Business School, doch der Mangel an direktem, persönlichem Austausch mit anderen Teilnehmenden kann auch ein erheblicher Nachteil sein, da Peer-to-Peer-Lernen eingeschränkt wird und die Motivation, das Programm durchzuhalten, darunter leiden kann. Tatsächlich sind rein asynchrone Online-Programme für ihre niedrige Abschlussquote bekannt, und die AMBA akkreditiert keine Online-Programme mit weniger als 120 synchron durchgeführten Kontaktstunden. Daher kombinieren die meisten hochwertigen Online-MBA-Programme synchrone und asynchrone Lehrmethoden. Einige Online-Programme beinhalten sogar persönliche Präsenzphasen, bei denen die Teilnehmenden zu Beginn, während oder am Ende des Programms für einige Tage physisch anwesend sein müssen.

Blended-MBA-Programme, manchmal auch als Hybridprogramme bezeichnet, kombinieren Online-Elemente und physische Präsenzphasen als festen Bestandteil des Programmdesigns. Vor der COVID-Pandemie wurden die Begriffe blended und hybrid synonym verwendet. Während der Pandemie wurde hybrid jedoch vor allem für ein gemischtes Durchführungsformat genutzt, bei dem einige Studierende einen Kurs online und andere denselben Kurs in Präsenz besuchen. Blended Delivery hingegen bezeichnete schon immer ein Programmdesign mit einer sequentiellen Mischung beider Modi: z. B. mehrere Wochen Online-Unterricht, gefolgt von einem Präsenzmodul für alle Studierenden an einem Wochenende. Der Begriff ist unscharf definiert, daher sollte man bei der Bewerbung eines MBA-Programms als hybrid unbedingt die konkreten Details prüfen, um sicherzustellen, dass es zu den eigenen zeitlichen Anforderungen passt. Langjährige Beispiele für Blended-MBA-Programme sind jene der Open University und der Henley Business School (beide mit Sitz im Vereinigten Königreich), die seit Jahrzehnten Online-Studienphasen mit Präsenzmodulen kombinieren. Im Fall von Henley werden diese Präsenzmodule an mehreren Standorten weltweit angeboten.

Beschleunigt durch die COVID-Pandemie haben Online- und Blended-MBA-Programme an Umfang und Beliebtheit gewonnen. Technologische Fortschritte haben Videokonferenzen und die Bereitstellung von Lehrmaterialien über das Internet allgemein zugänglich gemacht. Für die Zukunft ist zu erwarten, dass weitere innovative Formate wie Hologramme, Virtual Reality (VR) oder das Metaverse zu grundlegenden Veränderungen in der Durchführung von MBA-Programmen führen werden.[41]

6. Unterschiedliche Qualität und Zusammensetzung der Fakultät

Die Qualität der Fakultät bleibt das zentrale Kapital jedes MBA-Programms, unabhängig von der Durchführungsform oder anderen Faktoren, die das gesamte Lernerlebnis beeinflussen. Im Wesentlichen müssen die Lehrenden fachlich kompetent, engagiert und didaktisch versiert sein, um ein positives Lernerlebnis und das Erreichen der angestrebten Lernziele zu gewährleisten. Eine Möglichkeit, die Fakultät zu klassifizieren, ist ihr Engagement in der Wissenschaft (Vollzeit- versus Teilzeit-Akademiker), ihre Praxiserfahrung (z. B. Unternehmensführungskräfte versus reine Wissenschaftler), ihr akademischer Hintergrund (z. B. Promotion versus Masterabschluss) sowie ihr Forschungs- und Lehrfokus (reine Lehrkräfte, reine Forschende oder eine Kombination aus Lehr- und Forschungstätigkeit, was an führenden Universitäten/Business Schools am häufigsten vorkommt). Natürlich schließen sich diese Kategorien nicht immer gegenseitig aus, wie ehemalige Unternehmensführungskräfte mit Promotion zeigen, die zu Vollzeit-Akademikern werden, oder forschungsaktive Wissenschaftler, die an einer Universität arbeiten, aber regelmäßig in der Unternehmensberatung tätig sind. Warum

---

[41] Schlegelmilch (2020).

ist das für MBA-Studierende relevant? Wir sind der Meinung, dass gute MBA-Programme eine Balance zwischen Theorien und Modellen einerseits und praxisnahen Einblicken und Beispielen andererseits bieten sollten. Es ist für Studierende wenig hilfreich, wenn die MBA-Fakultät ausschließlich aus Akademikern besteht, die nie ein Unternehmen von innen gesehen und keine Führungserfahrung gesammelt haben. Ebenso wenig ist es hilfreich, wenn die gesamte Lehrendenriege aus Managern besteht, die nur ihre „Kriegsgeschichten" aus der Praxis erzählen, aber keinen Wert auf die Generalisierung und Konzeptualisierung durch empirisch überprüfte Theorien und analytische Modelle legen. Wie in so vielen Lebensbereichen ist die richtige Mischung entscheidend.

7. Verschiedene pädagogische Ansätze
MBA-Programme werden häufig mit der Fallstudienmethode in Verbindung gebracht. Gute Lehrfälle bieten Beschreibungen von realen Unternehmen, Organisationen oder Situationen, in denen Einzelpersonen oder Gruppen Entscheidungen treffen müssen. Die Fallstudienmethode ist ein wirkungsvolles Instrument, um Praxiserfahrungen in den Unterricht zu bringen, fördert das Engagement der Studierenden und ermöglicht handlungsorientiertes Lernen. Daher setzen einige Business Schools, wie beispielsweise die Harvard Business School in den USA, die Nagoya University of Commerce and Business in Japan oder INSEAD in Frankreich/Singapur/Abu Dhabi, die Fallstudienmethode als Hauptlehrform ein. Selbst Business Schools, die ihren Unterrichtsschwerpunkt auf die Fallstudienmethode legen, ergänzen den reinen Fallstudienunterricht jedoch durch „technische Notizen", Hintergrundpapiere sowie erfahrungs- und praxisorientierte Feldarbeit.

Geschäftssimulationen, von denen viele online stattfinden, gehören ebenfalls zum Standardrepertoire von Business Schools. Sie bieten interaktive Lernerfahrungen, bei denen die Studierenden häufig in die Rolle von Entscheidungsträgern schlüpfen, die zwischen verschiedenen Handlungsoptionen oder Strategien wählen müssen (z. B. Festlegung des Marketing-Mix eines Unternehmens) und anschließend die Auswirkungen ihrer Entscheidungen nachverfolgen können (z. B. erzielter Marktanteil oder Rentabilität). Da viele dieser Simulationen kompetitiv gestaltet sind, steigern sie das Engagement der Studierenden erheblich.

Auch sogenannte Live-Cases, studentische Beratungsprojekte oder von Unternehmen initiierte Business-Wettbewerbe, bei denen Teams verschiedener Business Schools gegeneinander antreten, sind häufig eingesetzte didaktische Instrumente in MBA-Programmen.

Selbstverständlich werden im MBA-Unterricht auch klassische Vorlesungen eingesetzt. Doch auch in Vorlesungen integrieren gute MBA-Dozierende Diskussionen, um das Engagement der Studierenden zu fördern und ihnen die Möglichkeit zu geben, ihre Rede- und Argumentationsfähigkeiten zu schärfen. In diesem Zusammenhang beinhalten MBA-Programme in der Regel auch Aufgabenstellungen, bei denen die Studierenden ihre Analysen präsentieren und ihre Argumente vor ihren Kommilitoninnen und Kommilitonen verteidigen müssen. Insgesamt legen gute MBA-Programme den Fokus auf studierendenzentrierte Lernansätze, die Interaktion und Engagement fördern und dabei gleichzeitig die rhetorischen, argumentativen und Präsentationsfähigkeiten der Teilnehmenden verbessern.

8. Unterschiedliche Peer-Gruppen, Alumni und Unterstützung bei der Karriereentwicklung

Ein wesentliches Merkmal von MBA-Programmen ist das Peer-to-Peer-Lernen. Daher sollten Sie sich genau mit dem Hintergrund der bisherigen Jahrgänge der MBA-Programme auseinandersetzen, die Sie in Betracht ziehen. Verfügen die Teilnehmenden über ausreichende Managementerfahrung, um für Sie eine wertvolle Lernquelle zu sein? Kommen sie aus Funktionen oder Branchen, die Sie besonders interessieren? Zieht das Programm Unternehmerinnen und Unternehmer an, mit denen Sie sich identifizieren können? Fühlen Sie sich mit dem Durchschnittsalter, der Bandbreite an Nationalitäten und dem Geschlechterverhältnis wohl?

Es schadet auch nicht, die Zusammensetzung der MBA-Alumni genauer zu betrachten. Analysieren Sie die Karrierewege der Absolventinnen und Absolventen: In welchen Branchen, Ländern und Positionen sind sie tätig? Ist der Alumni-Verein gut organisiert? Welche Art von Treffen und Veranstaltungen werden angeboten? Manche Alumni-Organisationen verfügen beispielsweise über aktive Untergruppen, die sich auf bestimmte Branchen konzentrieren. Fragen Sie auch nach, wie die Business School die Alumni-Aktivitäten unterstützt.

Je nach Ihren persönlichen Karriereplänen möchten Sie den MBA vielleicht nutzen, um eine neue Stelle zu finden. In diesem Fall sollten Sie sich über die Unterstützung bei der Jobvermittlung informieren, die die Business School anbietet. Gute Schulen verfügen über spezialisierte Career Center, die Sie bei der Erstellung Ihrer Bewerbungsunterlagen, einschließlich Lebenslauf/Curriculum Vitae (CV) und Anschreiben, unterstützen, Interviewtrainings anbieten, Treffen mit potenziellen Arbeitgebern organisieren, CEO-Lunches veranstalten und Kontakte zu professionellen Personalvermittlern und Headhuntern herstellen. Beachten Sie, dass der Unterstützungsbedarf von MBA-Studierenden mit Berufserfahrung sich deutlich von dem von Hochschulabsolventinnen und -absolventen unterscheidet, die ihren ersten Job suchen – und dies sollte sich klar in der Karriereunterstützung widerspiegeln. Einige MBA-Programme, die in größere Universitäten eingebettet sind, verweisen ihre MBA-Absolventinnen und -Absolventen auf das allgemeine Career Center, das in erster Linie auf die Vermittlung von Berufseinsteigerinnen und -einsteigern ausgerichtet ist. In einer solchen Konstellation müssen MBA-Studierende mit Berufserfahrung besonders aufmerksam (und durchsetzungsstark) sein, um sicherzustellen, dass sie angemessene Unterstützung erhalten.

Bevor Sie sich an einer Business School bewerben, verschafft Ihnen ein kurzer Blick auf die Zusammensetzung des Kuratoriums, des Beirats und des Alumni-Beirats der Schule einen guten Überblick über die größten Erfolgsgeschichten der Institution. Es ist ein Qualitätsmerkmal, wenn Sie diese Personen erkennen oder beeindruckend finden. Sie sollten auch das gesamte Alumni-Netzwerk der Universität in Ihre Überlegungen einbeziehen, zusätzlich zu den Alumni der MBA-Programme und der Business School. Die Alumni-Netzwerke vieler führender Universitäten wie Oxford, Cambridge und Harvard gelten als ebenso oder sogar noch prestigeträchtiger als die Alumni-Netzwerke ihrer Business Schools (letztere sind eine Teilmenge der ersteren). In einigen wenigen Fällen ist jedoch ausschließlich das Netzwerk der Business School von Bedeutung. So verfügt beispielsweise die London Business School über eines der renommiertesten Alumni-Netzwerke weltweit, während die Universität formell zur University of London gehört, einem losen Verbund Londoner Hochschulen, zu dem auch Institutionen zählen, die in weniger prestigeträchtigen Marktsegmenten konkurrieren (z. B. Birkbeck).

Einige Business Schools integrieren die Online-Plattform UniBuddy in ihren Zulassungsprozess, um Gespräche zwischen potenziellen und aktuellen Studierenden zu ermöglichen. Diese Verbindung wird jedoch über eine Zulassungsbeauftragte oder einen Zulassungsbeauftragten hergestellt, sodass Sie ein offizielles Gespräch mit der Schule begonnen haben müssen, um von der UniBuddy-Funktionalität zu profitieren. Und selbst wenn eine Schule keine automatisierte Zuordnung von Kandidatinnen und Kandidaten zu Studierenden anbietet, können Sie die Zulassungsstelle bitten, Sie für ein Gespräch mit einer oder einem aktuellen MBA-Studierenden zu vernetzen – dies geschieht jedoch in der Regel erst nach Ihrer Bewerbung.

Schulen, die stolz auf die Erfolge ihrer Alumni sind, sammeln und veröffentlichen Statistiken über deren Karriereverläufe. Schulen, die ihre Alumni nicht hervorheben, sind entweder nicht besonders stolz auf sie oder wissen gar nicht, was ihre Alumni machen. Wenn Sie auf der Website der Schule Karriere- oder Alumni-Statistiken finden, ist das ein positives Zeichen für die Qualität des Alumni-Netzwerks.

Viele der diskutierten Merkmale werden auch von Akkreditierungsagenturen wie AMBA, AACSB und EFMD überprüft. Verschiedene MBA-Rankings, wie sie beispielsweise von der Financial Times, QS oder US News and World Report erstellt werden, vergleichen und gewichten ebenfalls unterschiedliche Alumni-, Vermittlungs- und Karriere-Kriterien. Daher sollten Sie sich auch ein gutes Verständnis für die Rolle und den Wert von Akkreditierungen und Rankings aneignen. In Kap. 3 werden wir darauf eingehen, wie Sie Akkreditierungen und Rankings nutzen können, um ein MBA-Programm zu finden, das zu Ihren Bedürfnissen passt.

Zusammenfassung

Zusammenfassend lassen sich folgende Kernpunkte festhalten: Erstens entstanden Business Schools zunächst in Europa, bevor sie zum Markenzeichen der US-amerikanischen Managementausbildung wurden.

Von den USA aus verbreiteten sich Business Schools und MBA-Programme in andere Teile der Welt. Zuletzt erlebte insbesondere China einen enormen Boom an MBA-Programmen. Zweitens haben sich aufgrund der langen und vielfältigen Geschichte der Business Schools zahlreiche Formate und Varianten entwickelt. Es gibt daher nicht die typische Business School. Drittens sollten potenzielle MBA-Bewerberinnen und -Bewerber die wichtigsten Unterschiede zwischen den Programmen kennen und wissen, wie sich diese auf das Lernerlebnis und die angestrebten Karrierewege auswirken können.

Literatur

AACSB. (2023, May 1). Worldwide business schools estimate of 16,565 institutions – by Robert Colin Nelson. *AACSB Senior Manager of Data Analysis*.
Alliance MBS. (n. d.) *Homepage*. https://www.alliancembs.manchester.ac.uk/. Zugegriffen: 13. Aug. 2022.
Association of MBAs. (2021). *EMBA definition (Guidelines)*. https://www.associationofmbas.com/app/uploads/2021/01/EMBA-Definition.pdf. Zugegriffen: 15. Apr. 2023.
Babson College. (n. d.) *Full time MBA*. https://www.babson.edu/graduate/academics/full-time-business-programs/mba/. Zugegriffen: 19. Aug. 2022.
Bestaccreditedcolleges.org. (2021, October 20). 4+1 MBA programs. *Bestaccreditedcolleges*. https://bestaccreditedcolleges.org/articles/4-1-mba-programs.html. Zugegriffen: 20. Aug. 2022.
Brouwer, M. (2012). *Organizations, individualism and economic theory*. Routledge.
Budapesti Gazdasági Egyetem. (n. d.) *History*. https://web.archive.org/web/20161128201421/http:/en.bgf.hu/About-Us/history. Zugegriffen: 13. Aug. 2022.
Byrne, A. J. (2019, April 2). Why the MBA is the right choice for career switchers. *Poets & Quants*. https://poetsandquants.com/2019/10/02/mba-for-career-switchers/. Zugegriffen: 15. Apr. 2023.
Ca' Foscari. (n. d.) *About us*. https://www.unive.it/pag/24289/. Zugegriffen: 13. Aug. 2022.
eChinacities.com. (2009, September 25). China's 20 oldest universities. *eChinacities*. https://www.echinacities.com/china-media/Chinas-20-Oldest-Universities. Zugegriffen: 12. Aug. 2022.

EMBA-GLOBAL. (n. d.) *Overview.* https://www.emba-global.com/overview. Zugegriffen: 15. Apr. 2023.

ESAN. (n. d.) *About Esan.* https://www.esan.edu.pe/en/about-esan. Zugegriffen: 13. Aug. 2022.

ESCP Europe. (n. d.) *The world's first business school.* http://www.escpeurope.eu/escp-europe/history-of-escp-europe-business school. Zugegriffen: 12. Aug. 2022.

IISWBM. (n. d.) *Homepage.* https://www.iiswbm.edu/. Zugegriffen: 13. Aug. 2022.

INSEAD. (n. d.) *Homepage.* https://www.insead.edu/. Zugegriffen: 13. Aug. 2022.

Ivey Business School. (n. d.) *IVEY Business School.* https://www.ivey.uwo.ca/. Zugegriffen: 13. Aug. 2022.

Jack, A. (2018, September 27). China business schools are evolving rapidly. *The Financial Times.* https://www.ft.com/content/0ad44c16-bdbc-11e8-8dfd-2f1cbc7ee27c. Zugegriffen: 13. Aug. 2022.

Japanese Patent Office. (n. d.) *Trademark inquiry.* https://www.j-platpat.inpit.go.jp/c1800/TR/JP-2009-012043/396DF6463BC19BDE9BE17AF514072FB63923A1409176C582E973F0DAA47DFB4F/40/en. Zugegriffen: 19. June 2023.

Leach, W. (1993). *Land of desire: Merchants, power, and the rise of a new American culture.* Pantheon Books.

Lin, J., & Ma, H. (2012). Research on internationalization and the localization of China's MBA education. *World Journal of Education, 2*(6), 20–23.

London Business School. (n. d.) *Homepage.* https://www.london.edu/. Zugegriffen: 13. Aug. 2022.

MBA Guide. (2021). 100 best MBA programs ranked by student/faculty ratio. *MBA Guide.* https://www.mbaguide.org/mba-programs-ranked-student-faculty-ratio/#mba-programs-ranked-by-student-faculty-ratio. Zugegriffen: 18. Aug. 2022.

Mitchell, B. (2021, August 6). The rise of the one-year MBA. *Poets & Quants.* https://poetsandquants.com/2021/08/06/the-rise-of-the-accelerated-one-year-mba/. Zugegriffen: 12. Apr. 2023.

Pakistani.pk. (n. d.) Institute of Business Administration, Karachi. *Pakistani.* https://pakistani.pk/institute-of-business-administration-karachi/. Zugegriffen: 13. Aug. 2022.

PIM. (n. d.) *Member schools.* https://pimnetwork.org/pim-schools/. Zugegriffen: 17. Apr. 2023.

Reisman, D. (2021). *Plato's economics: Republic and control.* Edward Elgar Publishing.

Rodrigues, L. L., Gomes, D., & Craig, R. (2004). The Portuguese School of Commerce, 1759–1844: A reflection of the enlightenment. *Accounting History, 9*(3), 53–71.

Schlegelmilch, B. B. (2020). Why business schools need radical innovations: Drivers and development trajectories. *Journal of Marketing Education, 42*(2), 93–107.

Smith, A. (2010). *The wealth of nations: An inquiry into the nature and causes of the wealth of nations.* Harriman House Limited.

Sohu.com. (2020, May 28). List of 246 MBA education institutions in China. *Sohu.* https://www.sohu.com/a/398321209_99997057. Zugegriffen: 12. Apr. 2023.

The Economist. (2011, October 15). Trouble in the middle: Is time running out for business schools that aren't quite elite?. *The Economist.* https://www.economist.com/briefing/2011/10/15/trouble-in-the-middle. Zugegriffen: 20. Dec. 2022.

The Financial Times. (2021, October 17). EMBA 2021 - Business school rankings. *The Financial Times.* https://rankings.ft.com/rankings/2863/emba-2021. Zugegriffen: 13. Aug. 2022.

The Financial Times. (2022, February 13). MBA 2022 - Business school rankings. *The Financial Times.* https://rankings.ft.com/rankings/2866/mba-2022. Zugegriffen: 18. Aug. 2022.

The University of Chicago Booth School of Business. (n. d.) *JD/MBA Joint-Degree Program.* https://www.chicagobooth.edu/mba/joint-degree/jd-mba?source=entse-bi-pd-camp:ppc21-brand-eur-fall&term=https%3A%2F%2Fwww.chicagobooth.edu%2Fmba%2Fjoint-degree%2Fjd-mba&msclkid=47c63298ee621853e4e35067be763418&utm_source=bing&utm_medium=cpc&utm_campaign=HPN%20-%20Brand%20-%20London%20-%20Europe&utm_term=https%3A%2F%2Fwww.chicagobooth.edu%2Fmba%2Fjoint-degree%2Fjd-mba&utm_content=HPN%20-%20BrandY0London%20-%20Europe%20-%20dynamic%20ad%20group. Zugegriffen: 19. Aug. 2022.

The Wharton School. (n. d.) *The world's first business school.* https://www.wharton.upenn.edu/about-wharton. Zugegriffen: 12. Aug. 2022.

Thunderbird School of Global Management. (n. d.) *About Thunderbird.* https://thunderbird.asu.edu/about. Zugegriffen: 13. Aug. 2022.

University of Antwerp. (n. d.) *History.* https://www.uantwerpen.be/en/about-uantwerp/organisation/facts-figures-rankings/history/. Zugegriffen: 22. Aug. 2022.

University of Pretoria. (n. d.). *Homepage*. https://www.up.ac.za/. Zugegriffen: 13. Aug. 2022.

USCIA. (n. d.) *Who we are*. https://www.ucsia.org/home-en/organization/who-we-are/. Zugegriffen: 22. Aug. 2022.

Yale School of Management. (n. d.) *MBA/MD with Yale School of Medicine*. https://som.yale.edu/programs/joint-degrees/mba-md-yale-school-medicine#:~:text=MBA%2FMD%20with%20Yale%20School%20of%20Medicine%20The%20joint,with%20managing%20change%20in%20a%20tumultuous%20healthcare%20environment. Zugegriffen: 19. Aug. 2022.

3

Wie Akkreditierungen und Rankings Ihre MBA-Wahl leiten können

Rankings und Akkreditierungen können Ihnen dabei helfen, wichtige MBA-Entscheidungen zu treffen, doch es gibt wesentliche Unterschiede zwischen diesen beiden zentralen Einflussfaktoren. Erstens sind Rankings in erster Linie quantitativ, während Akkreditierungen überwiegend qualitativ ausgerichtet sind. Zweitens werden die von Rankings erhobenen aggregierten Daten veröffentlicht oder sind zumindest aus der relativen Platzierung der Institution ableitbar; hingegen werden die für eine Akkreditierung eingereichten Daten nicht veröffentlicht (ebenso wenig wie der Abschlussbericht der Akkreditierungsstelle öffentlich gemacht wird). Letztlich basieren Rankings auf der Erstellung einer Rangliste, die jede Schule mit den anderen in Konkurrenz setzt; Akkreditierungsagenturen hingegen konzentrieren sich auf Qualitätskontrolle und beratende Dienstleistungen für das Führungsteam der Schulen, was als Nebeneffekt ein globales Netzwerk von Institutionen mit derselben Akkreditierung schafft. Im Folgenden stellen wir in acht Punkten dar, wie sich Rankings und Akkreditierungen unterscheiden und wie sie nützlich sein können.

1. Rankings im Überblick

Rankings haben einen enormen Einfluss auf die Gewinnung von MBA-Teilnehmern (und allen anderen Studierenden). Die Rolle von Rankings ist jedoch auch notorisch umstritten und die zugrunde liegenden Faktoren werden intensiv diskutiert. In gewisser Weise ähneln Rankings dem britischen Hefeextraktaufstrich Marmite mit seinem Werbeslogan: „Love it or hate it." MBA-Bewerberinnen und -Bewerber schätzen die Einfachheit von Rankings, da die Komplexität der Welt auf eine einfache nummerierte Liste reduziert wird. Business Schools (und deren Marketing- und Zulassungsabteilungen) hingegen stehen Rankings deutlich ambivalenter gegenüber, selbst wenn sie darin gut abschneiden. Jede zusätzliche Rangliste erfordert erheblichen Aufwand bei der Aufbereitung und Einreichung von Daten und Alumni-Kontakten und letztlich Investitionen in gezielte Verbesserungen der spezifischen Faktoren, die das Ranking beeinflussen. Darüber hinaus müssen Marketingabteilungen mit den Folgen jeder neuen Ranking-Veröffentlichung umgehen, da statistisch gesehen die Institution in der Hälfte der Fälle im Ranking abrutscht – was organisatorische und politische Konsequenzen nach sich zieht. Heutzutage kann die jährliche Leistungsbeurteilung eines Dekans einer Business School auch die Platzierung der Schule in wichtigen Rankings umfassen, und diese Rankings können sogar das Gehalt und den Jahresbonus des Dekans beeinflussen.

Für Bewerberinnen und Bewerber mit den geringsten Informationsmöglichkeiten haben Rankings eine enorme Bedeutung. Sobald Sie jedoch unseren MBA-Kompass gelesen und mit einigen Stakeholdern gesprochen haben, sollten Sie erkennen, dass Rankings lediglich eine nützliche Heuristik (Abkürzung) darstellen, die im Zusammenspiel mit vielen anderen Informationsquellen und Instrumenten zur Entscheidungsfindung genutzt werden sollte.

Die führenden MBA- und Business-School-Rankings werden von der Financial Times, U.S. News & World Report, Bloomberg Businessweek, Forbes und QS veröffentlicht. Es gibt zudem Universitätsrankings (z. B. Times Higher Education Ranking und Shanghai Ranking); regionale Rankings wie America Economia (für Lateinamerika); spezialisierte Rankings, etwa das Poets & Quants Top 50 MBAs for Entrepreneurship Ranking; sowie nationale (länderbezogene) Rankings wie EdUniversal, die für Studierende interessant sein können, die sich für kleinere Länder und Institutionen interessieren, die in keinem der globalen Rankings vertreten sind. In der Regel sind all diese Rankings kostenlos zugänglich, auch wenn die Medienanbieter für den Zugriff auf alle anderen Artikel eine kostenpflichtige Anmeldung verlangen.

Einige Rankings existierten in der Vergangenheit, wurden aber eingestellt: The Economist veröffentlichte früher ein einflussreiches MBA-Ranking, stellte dieses jedoch 2022 ein; das Wall Street Journal hatte einst ein MBA-Ranking, erstellt nun aber nur noch ein US College Ranking in Zusammenarbeit mit Times Higher Education.

2. Akkreditierung im Überblick

Die Akkreditierung von Business Schools ist ein Prozess der Qualitätssicherung und -entwicklung: Sie soll sicherstellen, dass Qualitätsstandards eingehalten werden, und Institutionen dabei unterstützen, sich über ihren aktuellen Stand hinaus weiterzuentwickeln. Vereinfacht gesagt lassen sich diese beiden Aspekte des Akkreditierungsprozesses als Inspektion und Beratung beschreiben. Das prägnante Ergebnis, das öffentlich bekannt gegeben wird, ist in der Regel die Entscheidung, die Business School für drei oder fünf Jahre zu akkreditieren bzw. zu re-akkreditieren.

Die führenden internationalen Akkreditierungen im MBA- und Business-School-Bereich sind: AMBA von der in London ansässigen Association of MBAs (heute AMBA & BGA); EQUIS von der in Brüssel ansässigen European Foundation for Management Development (EFMD); und AACSB von der in Florida ansässigen Association to Advance Collegiate Schools of Business. Es gibt auch regionale Akkreditierungen, z. B. FIBAA vor allem im deutschsprachigen Raum; CEEMAN in Mittel- und Osteuropa; sowie CAMEA in China.

Das Ergebnis von Akkreditierungsbesuchen ist für Außenstehende nicht besonders differenziert. Die AACSB vergibt sechsjährige Akkreditierungen. Die Akkreditierungsdauer bei AMBA und EQUIS beträgt drei oder fünf Jahre; eine dreijährige Akkreditierung wird in der Regel an Schulen vergeben, denen das Peer-Review-Gremium mehrere Auflagen erteilt und die zur Umsetzung von Änderungen und zur Vorlage von Fortschrittsberichten aufgefordert werden; eine fünfjährige Akkreditierung erhalten Schulen, deren Besuch ohne oder nur mit geringfügigen Auflagen endet. Ein wesentlicher Unterschied zwischen AMBA- und EQUIS-Akkreditierung besteht darin, dass EQUIS die Akkreditierungsdauer auf seiner Website veröffentlicht, AMBA hingegen nicht. Beide Ansätze haben Vor- und Nachteile: Die Veröffentlichung der Akkreditierungsdauer hilft potenziellen Studierenden (sowie konkurrierenden Institutionen), die Leistungsfähigkeit der Institution einzuschätzen; die Nichtveröffentlichung reduziert hingegen die Anspannung während des Akkreditierungsbesuchs und fördert eine offenere und kooperativere Diskussion.

Alle drei Akkreditierungsverfahren beinhalten eine Überprüfung der Institution und von Musterprogrammen. Bei einem EQUIS- oder AACSB-Besuch müssen die Musterprogramme jedoch nicht zwingend das MBA-Programm umfassen (obwohl dies manchmal der Fall ist). Im Gegensatz dazu werden bei der AMBA-Akkreditierung immer alle MBA-Programme (und optional MSc Management/MIM- oder DBA-Programme) überprüft. Alle drei Organisationen bieten zudem eine Reihe weiterer (sekundärer) Akkreditierungen an: Accounting-Akkreditierung durch AACSB, Programmakkreditierung durch EFMD sowie BGA Impact- und Nachhaltigkeitsakkreditierung durch AMBA & BGA.

3. Faktoren und Formate von Rankings und Akkreditierungen

Rankings und Akkreditierungen unterscheiden sich hinsichtlich der Anzahl der berücksichtigten Faktoren zur Bewertung einer Institution und im Ablauf des Prüfverfahrens. Für Rankings müssen in der Regel nicht mehr als 10–20 verschiedene Datentypen eingereicht werden. Daher wird Rankings mitunter vorgeworfen, nur eine begrenzte oder verzerrte Momentaufnahme von Institutionen und Programmen zu liefern. Rankings sind stets eine Schreibtischübung, aber die Daten werden jedes Jahr (oder bei einigen Rankings, z. B. Forbes, alle zwei Jahre) erneut eingereicht, was eine vergleichbare Nachverfolgung der Entwicklung einer Institution über viele Jahre hinweg ermöglicht. Die Herausgeber der Rankings führen Stichprobenprüfungen und Daten-Audits durch, um die Integrität der eingereichten Daten zu gewährleisten (die Financial Times vergibt diese Prüfungen an den Wirtschaftsprüfer KPMG); zudem prüfen Statistiker die Daten auf Auffälligkeiten als zusätzliche Absicherung.

Im Gegensatz dazu berücksichtigt ein Akkreditierungsverfahren deutlich mehr qualitative und quantitative Faktoren. So umfassen die MBA-Akkreditierungskriterien der AMBA 160 verschiedene Aspekte der Institution und ihres MBA-Programmspektrums – von der Auswahl und Seniorität der Studenten über die Funktionsweise des Career Centers bis hin zur Anzahl und Art der jährlich durchgeführten Alumni-Veranstaltungen. Diese Informationen werden im Rahmen umfangreicher, datenbasierter Selbstauskunftsformulare und eines beschreibenden (textlastigen) Selbst-Audits mehrere Wochen vor dem Besuch des Akkreditierungsgremiums eingereicht. Die Akkreditierung erfolgt durch ein Peer-Review-Gremium, das in der Regel aus Dekanen und Direktoren anderer akkreditierter Institutionen besteht. Das Peer-Review-Gremium besucht die Schule für 2–3 Tage, um weitere Unterlagen zu prüfen und strukturierte Gespräche mit Stakeholdern auf allen Ebenen zu führen. Aufgrund des Umfangs solcher Verfahren finden Re-Akkreditierungsbesuche nur alle drei oder fünf Jahre statt. Auf Basis dieser Vielzahl an Informationen zeichnen Akkreditierungsberichte ein umfassendes Bild, doch die Tatsache, dass sie nicht veröffentlicht werden, vermittelt nach außen den Eindruck einer begrenzten Transparenz. Allerdings hätten weder Schulen noch Akkreditierungsagenturen ein Interesse daran, so viele Details über die internen Abläufe einer Institution öffentlich zu machen, da diese Informationen von Wettbewerbern genutzt werden könnten. Daher bleiben die Akkreditierungsberichte in erster Linie Beratungspapiere zum Nutzen des Dekans und des Führungsteams der Schule. Lediglich das Ergebnis des Besuchs wird auf der Website der Akkreditierungsagentur veröffentlicht, in Form einer Liste akkreditierter Schulen, während die Schule das Recht erhält, das Logo „Accredited by …" auf ihrer Website und in Marketingmaterialien zu verwenden.

Aufgrund der Vielzahl an Informationsquellen, der Dauer des Besuchs und der Tiefe der Gespräche lässt sich ein Akkreditierungsverfahren nicht so leicht von der Schule beeinflussen wie ein Ranking. Mit „beeinflussen" ist hier nicht Manipulation gemeint, sondern vielmehr, dass die Schule eine gezielte Strategie entwickeln kann, um alle erforderlichen Kriterien zu erfüllen. Viele Business Schools verfolgen solche „Beat the Rankings"-Strategien: Sie legen fest, worauf sie wann den Fokus legen und wie viel sie investieren, um bei jedem der wichtigsten

Indikatoren zu punkten. Das ist an sich nicht verwerflich, kann aber dazu führen, dass Schulen sich auf eine zu enge Auswahl an Verbesserungsmaßnahmen konzentrieren. So gewichtet das Financial Times Global MBA Ranking das Gehalt der MBA-Absolventinnen und -Absolventen mit 32 % (zuvor 40 % vor dem Ranking 2023: 16 Prozentpunkte für das gewichtete Gehalt der MBA-Alumni und 16 Prozentpunkte für die Gehaltssteigerung nach dem MBA).[1] Es ist daher wenig überraschend, dass viele MBA-Direktorinnen und -Direktoren, die ihr Programm im Ranking nach oben bringen wollen, gezielt darauf hinarbeiten, das Gehalt ihrer MBA-Absolventen zu steigern. Dies ist an sich ein ehrenwertes Ziel und sollte theoretisch im Interesse der Studierenden liegen, doch manche Maßnahmen zur Zielerreichung sind zumindest grenzwertig. Beispielsweise kann das Abraten von unternehmerischen Karrieren und die Nichtzulassung von unternehmerisch orientierten Kandidaten zu höheren Durchschnittsgehältern der Alumni führen, da Gründerinnen und Gründer von Start-ups in den ersten Jahren nach der Unternehmensgründung in der Regel nur geringe Einkünfte erzielen.

4. Ranking der Rankings und Triple Accreditation

Rankings und Akkreditierungen können für Bewerber auf unterschiedliche Weise nützlich sein. Akkreditierungsagenturen veröffentlichen Listen ihrer akkreditierten Institutionen, die in der Regel mehrere Hundert Einträge umfassen und die Welt in zwei Gruppen einteilen: die Akkreditierten und die Nicht-Akkreditierten. Rankings hingegen zeichnen ein deutlich wettbewerbsorientierteres Bild, das es Bewerbern ermöglicht, gezielt die „Top 5"- oder „Top 30–50"-Business Schools ins Auge zu fassen.

Viele potenzielle Bewerber erstellen ihr eigenes „Ranking der Rankings" mit dem lobenswerten Ziel, die Verzerrungen einzelner Rankings zu minimieren und die verschiedenen Faktoren zu aggregieren. Die Erstellung eines eigenen Rankings ermöglicht es zudem, einzelnen Ran-

---

[1] Jack et al. (2023).

3 Wie Akkreditierungen und Rankings …   47

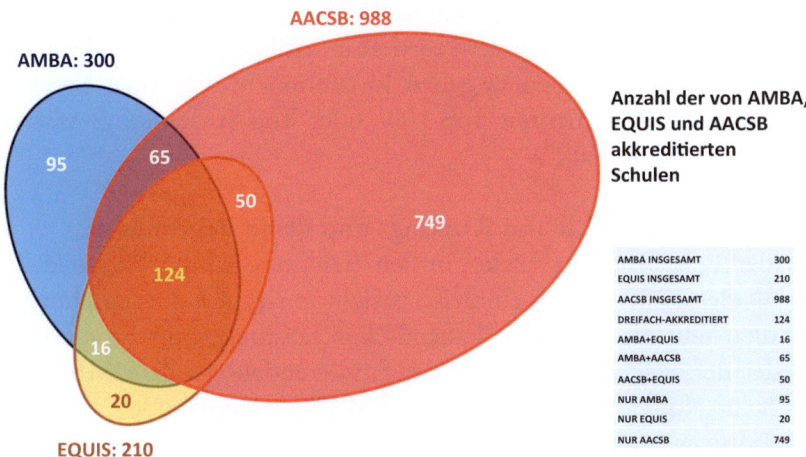

Abb. 3.1 Triple Crown/Triple-Accredited Business Schools, eigene Darstellung der Autoren

kings oder bestimmten Faktoren/Indikatoren/Kriterien, die für einen selbst besonders wichtig sind, individuelle Gewichtungen zuzuweisen. Dies funktioniert besonders gut für die Spitzenschulen, die in allen oder den meisten Rankings vertreten sind. Ein wesentlicher Faktor, dem Sie in Ihrem persönlichen Ranking der Rankings Gewicht beimessen könnten, ist der Standort: Ob Sie lieber in einer Weltmetropole studieren möchten oder abgelegen auf dem Land (z. B. an der Tuck School oder Cornell).

Im Bereich der Akkreditierung hat die Überschneidung verschiedener Akkreditierungen sogar einen eigenen Namen: Schulen, die alle drei großen internationalen Akkreditierungen besitzen, werden als „Triple-Accredited" oder „Triple Crown"-Schulen bezeichnet. Wie in der untenstehenden Abbildung (Abb. 3.1) dargestellt, verfügen Mitte 2023 insgesamt 124 Schulen über AMBA + AACSB + EQUIS,[2] davon befinden sich 26 im Vereinigten Königreich, 19 in Frankreich und 14 in

---

[2] AMBA (o. J.), AACSB (o. J.) und EQUIS (o. J.).

China (einschließlich Hongkong und Macau). Alle 124 Triple-Accredited-Schulen sind nach Ländern sortiert im Anhang am Ende des Buches aufgeführt. Im Allgemeinen gelten Institutionen, die Triple-Accredited sind oder in den meisten Top-100- oder Top-50-Rankings vertreten sind, als „sichere Wahl".

5. Besondere Aspekte von Rankings und deren Begründung

Akademische Themen spielen in den Rankings kaum eine Rolle. Falls ein akademischer Faktor einfließt, bezieht er sich auf die Forschung der Fakultät und nicht auf die akademischen Leistungen der Studierenden. Weder der akademische Erfolg der Studierenden vor dem MBA (z. B. Bachelor-Notendurchschnitt oder GMAT-Ergebnis) noch die Studienleistungen während des MBA-Studiums sind für die Rankings relevant. Dies liegt zum Teil daran, dass es schwierig ist, verschiedene nationale Notensysteme zu standardisieren – abgesehen von GMAT/GRE, die global und somit perfekt standardisiert sind (aber nicht von allen Schulen verlangt werden). Wichtiger ist jedoch, dass Noten im späteren Berufsleben der Studierenden kaum eine Rolle spielen. Milton Friedman sagte bekanntlich: „The business of business is business" – und es scheint, als sei das Geschäft der Business-School-Rankings nach wie vor vor allem Geschäft.

Alumni-Befragungen haben in Rankings oft ein erhebliches Gewicht: So machen beispielsweise in den Rankings der Financial Times die Antworten der Alumni 56 % im Global- und EMBA-Ranking sowie 59 % im Online-MBA-Ranking aus. Die Befragung von Alumni, Studierenden und (gelegentlich) Arbeitgebern erscheint als Streben nach Objektivität, ist aber subjektiver als harte Daten. Mitunter kann dies sogar aus ethischer oder Integritätsperspektive problematisch sein. Mitarbeitende der Schulen dürfen die Eingaben zur Umfrage nicht beeinflussen, sind aber dafür verantwortlich, die Liste der E-Mail-Adressen der Empfänger bereitzustellen (ohne eine Auswahl zu treffen). Schulen, die absichtlich oder versehentlich die Vorgaben der Rankings missachten und mit Alumni bezüglich der Umfrage kommunizieren, riskieren, für ein Jahr aus dem Ranking ausgeschlossen zu werden. Ein Ausschluss erfolgt auch bei mangelnder Teilnahme: Wenn die Alumni einer Schule nicht in ausreichender Zahl auf die Umfrage antworten, wird die Mindestquote für die Aufnahme ins Ranking möglicherweise nicht erreicht. Die Financial Times verlangt beispielsweise für das Global MBA Ranking mindestens 20 ausgefüllte Umfragen pro Schule und eine Rücklaufquote von mindestens 20 %. Zuletzt betraf dies Wharton: Die Schule erreichte diese Schwelle nicht und fiel aus dem Financial Times Global MBA Ranking 2023 heraus, nachdem sie im Ranking 2022 noch auf Platz 1 weltweit lag.[3]

Es gibt Rankings für Full-Time- (auch Global genannt), Executive- und Online-MBA-Programme. Ein Ranking für Part-Time-MBAs (eine breitere Kategorie, die sowohl EMBA- als auch Abend-/Wochenendprogramme für Nachwuchsführungskräfte umfasst) sowie für Blended-MBA-Programme existiert jedoch nicht. Die Financial Times ordnet Blended-MBA-Programme dem Online-MBA-Ranking zu, sofern mindestens 70 % des Programms online durchgeführt werden. Die Abgrenzung zwischen EMBA und Part-Time-MBA sowie zwischen Online- und Blended-MBA ist unscharf und verständlicherweise schwer zu definieren.

Rankings auf Universitäts-, Fakultäts- und Programmebene sind häufig eng miteinander verknüpft. Wer Wert auf Rankings legt, sollte daher alle Ebenen im Blick behalten. Dafür gibt es mindestens drei Gründe: Erstens werden alle Absolventen aller Programme – unabhängig davon, ob diese gerankt sind oder nicht – Teil des Alumni-Netzwerks Ihrer Institution, sodass sich die Grenzen zwischen den Programmen im Laufe der Zeit verwischen. Zweitens strahlt der gute Ruf einer Universität mit einem führenden Programm oder einer führenden Fakultät auch auf andere Programme ab. Drittens kann die Expertise in bestimmten Programmen direkten Einfluss auf andere Programme haben: Ist eine Schule führend im Bereich maßgeschneiderter Executive Education, deutet dies auf enge Beziehungen zu Unternehmen hin. Da solche Programme für Führungskräfte konzipiert und oft direkt in den Unternehmen durchgeführt werden, ergeben sich daraus bessere Beschäftigungsmöglichkeiten und hochqualifizierte Dozenten mit Erfahrung in der Lehre von Führungskräften.

---

[3] Byrne (2023).

Einige Rankings haben einen anderen Fokus, können für MBA-Bewerber aber dennoch relevant sein. So führt beispielsweise das globale Ranking/der Index von Think Tanks der University of Pennsylvania die brasilianische Fundação Getúlio Vargas (FGV) als führenden Think Tank in Lateinamerika auf, was darauf hindeutet, dass FGV eine Schule mit sehr starker Forschungsleistung ist.[4]

Wer die Motivation hinter der Existenz von Rankings und Akkreditierungen wirklich verstehen möchte, sollte einen Blick darauf werfen, wie diese Prozesse finanziert werden. In der Wirtschaft spricht man hier von „Follow the money". Medienhäuser entwickeln Rankings aus zwei Gründen: um Inhalte zu schaffen und um Schulen/Universitäten als Werbekunden zu gewinnen. Die Tagesausgabe, in der ein Ranking erscheint, wird von Sonderberichten und Beilagen zum Thema Wirtschaftsausbildung begleitet, was zusätzliche Werbeeinnahmen ermöglicht. QS, das kein Medienunternehmen ist, verfolgt ein anderes Geschäftsmodell: Durch die Rankings gewinnt QS an Sichtbarkeit und zieht so potenzielle Kunden für sein Portfolio an Bildungsdienstleistungen an – von Recruiting-Unterstützung (QS Enrolment Solutions) bis zu QS Ratings (eine Beratungsdienstleistung für Universitäten, die sich von den Rankings unterscheidet). Akkreditierungsagenturen hingegen verfügen über ein deutlich direkteres Einnahmemodell: Sie erheben feste jährliche Mitgliedsbeiträge und pauschale Gebühren für Peer-Review-Besuche. Werbung in einer Zeitung oder der Kauf von Recruiting-Dienstleistungen ist keine Voraussetzung für die Aufnahme in ein Ranking, die Zahlung von Akkreditierungsgebühren hingegen ist zwingend erforderlich, um für eine Akkreditierung in Betracht gezogen zu werden. Um die Integrität des Akkreditierungsprozesses zu gewährleisten, wird die Akkreditierungsentscheidung jedoch von Gremien aus Wissenschaftlern anderer Institutionen getroffen, die nicht beim Akkreditierungsanbieter angestellt sind.

---

[4] University of Pennsylvania (2021).

6. Überblick über die Financial Times Rankings

Wir betrachten zwei Rankings genauer: die Financial Times[5] und QS[6] Rankings, die international wohl am einflussreichsten sind, wobei QS in den letzten Jahren zudem am stärksten gewachsen ist.

Die Financial Times veröffentlichte ihr erstes MBA-Ranking (das Global MBA Ranking) im Jahr 1999. Es umfasste 50 Programme weltweit: alle in Amerika und Europa, keines in Asien.[7] Zufällig war dies auch das Jahr, in dem INSEAD seinen Campus in Singapur eröffnete (zusätzlich zu Fontainebleau, Frankreich) und damit zur Schule mit zwei Standorten wurde. Der Aufstieg Asiens war seither spektakulär: Asiatische Hochschulen belegen inzwischen 19 Plätze im Global MBA Ranking 2023 (darunter zwei für die Doppelstandorte Frankreich/Singapur von INSEAD und ESSEC) und 32 Plätze im EMBA Ranking 2022.

Die Financial Times veröffentlicht im Laufe des Jahres sieben Rankings:

- Global MBA
- Executive MBA
- Online MBA
- Executive Education (Open und Custom)
- MSc Finance (Pre-Experience und Post-Experience)
- MSc Management
- European Business Schools

Der Veröffentlichungszeitplan dieser Rankings folgt einem Muster: Etwa alle zwei Monate erscheint ein neues Ranking. Diese Abfolge hilft, die Arbeitsbelastung der kleinen Financial Times-Abteilung für Statistik und Datenerhebung zu steuern und sorgt zugleich für einen stetigen Strom an relevanten Inhalten, die den Zeitungsverkauf fördern und das ganze Jahr über Werbeeinnahmen generieren.

---

[5] Die Financial Times (2023).
[6] QS University Rankings (o. J.).
[7] Ortmans (2018).

Das Global MBA Ranking besteht aus 21 Kriterien; acht davon basieren auf den Rückmeldungen von Alumni und haben ein Gesamtgewicht von 56 %. Das EMBA Ranking umfasst 15 Kriterien; fünf davon beruhen auf Alumni-Antworten (aktuelles Gehalt, Gehaltssteigerung, Karrierefortschritt, Berufserfahrung und erreichte Ziele) mit ebenfalls insgesamt 56 % Gewichtung. Das Online MBA Ranking besteht aus 20 Kriterien; neun davon basieren auf Alumni-Antworten mit einem Gesamtgewicht von 59 %.[8]

Als Beispiel sind nachfolgend die 21 Kriterien des Global MBA Rankings mit den jeweiligen Gewichtungen in Klammern aufgeführt. Sie verdeutlichen die Komplexität der Gestaltung von Rankings, einschließlich der Bemühungen der Financial Times, die Rankings aktuell zu halten und Trends wie Internationalisierung, Geschlechterparität und Nachhaltigkeit abzubilden. Die beiden letzten, nachhaltigkeitsbezogenen Kriterien wurden in den letzten fünf Jahren hinzugefügt.

- Gewichtetes Gehalt der Alumni (16 %)
- Gehaltserhöhung der Alumni vor/nach dem MBA (16 %)
- Wert für das Geld: Studiengebühren im Verhältnis zum Alumni-Gehalt (5 %)
- Karrierefortschritt der Alumni: Beförderungen seit dem Abschluss (3 %)
- Erreichte Ziele der Alumni (4 %)
- Rang des Alumni-Netzwerks (4 %)
- Karriereservice (3 %)
- Alumni, die drei Monate nach dem Abschluss beschäftigt sind (2 %)
- Sektorale Diversität vor der Zulassung (3 %)
- Anteil weiblicher Studierender (3 %)
- Anteil weiblicher Lehrkräfte (3 %)
- Frauen im Beirat (1 %)
- Internationalität der Lehrkräfte (3 %)
- Internationalität der Studierenden (3 %)
- Internationale Mitglieder im Beirat (1 %)

---

[8] Die Financial Times (o. J.).

- Internationale Mobilität der Alumni (5 %)
- Internationale Kurserfahrung während des Studiums (3 %)
- Lehrkräfte mit Doktortitel (5 %)
- Forschungsrang der Lehrkräfte: Publikationen in 50 vom FT ausgewählten Fachzeitschriften (10 %)
- Rang in Bezug auf CO_2-Fußabdruck (4 %)
- Rang für Lehre zu Umwelt, Soziales und Governance (ESG) und Netto-Null: Unterrichtsstunden zu ESG in Pflichtkursen (3 %)

Eine etwas willkürliche Einschränkung in zwei der Financial Times Rankings ist, dass im Global und Online MBA Ranking nur Programme berücksichtigt werden, die auf Englisch unterrichtet werden (während das EMBA Ranking diese Einschränkung nicht hat). Früher ließ sich dies mit der Anforderung begründen, dass Alumni den Fragebogen auf Englisch ausfüllen mussten, doch mit automatisierten Übersetzungen ist dies kaum noch ein relevantes Hindernis. Da sich die Leserschaft der Financial Times jedoch überwiegendenglischsprachig ist, richten sich die Rankings englischsprachiger MBAs stärker an dieses Publikum.

7. Überblick über die QS Rankings

QS ist der einzige führende Herausgeber von Rankings, der kein Medienunternehmen ist. Die Organisation wuchs in den 1990er Jahren zunächst mit der World MBA Tour (einer MBA-Recruiting-Messe) und hat in den letzten drei Jahrzehnten kontinuierlich Marketing- und Recruiting-Dienstleistungen im Hochschulbereich ausgebaut sowie institutionelle und fachspezifische Rankings im Hochschulbereich eingeführt. Zwischen 2004 und 2009 kooperierten QS und Times Higher Education bei der Erstellung eines gemeinsamen globalen Hochschulrankings, seit 2009 veröffentlichen beide jedoch eigene Rankings.

QS ist die umfassendste Ranking-Plattform im akademischen Bereich. Sie veröffentlicht folgende Rankings:

- QS World University Rankings (von 1400 Universitäten: Einzelplatzierungen von 1 bis 600; dann in 50er-Gruppen zwischen 600 und 800; und in 200er-Gruppen zwischen 800 und 1400)

- Universitätsrankings nach Regionen (allein in Asien sind 760 Universitäten gerankt; in Lateinamerika 428)
- Rankings nach Fachgebieten (in 51 Disziplinen, darunter Wirtschaft und Management)
- Global MBA Ranking (von 300 Business Schools mit Vollzeit-MBA-Programmen: davon 1–100 mit Einzelplatzierung; 101–150 in 10er-Gruppen; und 151–300 in 50er-Gruppen). Darunter 115 in den USA, 78 in Europa, 46 in Asien, 22 in Kanada, 15 in Ozeanien (einschließlich Australien), 15 im Nahen Osten und Afrika, 11 in Lateinamerika
- QS Master's Rankings in Business Analytics, Management, Finance und International Trade
- Nachhaltigkeitsranking von 700 Universitäten
- Graduate Employability Ranking von 550 Universitäten

Der Zeitstempel, den QS seinen Rankings gibt, ist „aktuelles Jahr plus eins", sodass die QS Rankings 2024 bereits 2023 veröffentlicht werden. So können Hochschulen und Business Schools ihr QS-Ranking auf Marketingmaterialien abdrucken, die länger aktuell bleiben. Ironischerweise wurden einige der Daten für die „2024"-Rankings, die 2023 erscheinen, bereits 2022 erhoben.

Das QS Global MBA Ranking basiert auf zwei Umfragen (QS Global Employer Survey und QS Global Academic Survey) sowie auf von den Business Schools eingereichten Daten. Die 13 Kriterien[9], auf denen das Ranking basiert (mit Gewichtungen in Klammern), sind:

- Beschäftigungsfähigkeit, basierend auf der QS Global Employer Survey (35 %)
- Beschäftigungsquote drei Monate nach dem Abschluss (5 %)
- Alumni-Ergebnisse (10 %)
- Unternehmertum unter Alumni (5 %)
- 10-Jahres-Rendite (Return on Investment) (15 %)
- Amortisationsdauer, d. h. die Zeit bis zur Rückzahlung der Studiengebühren, im Durchschnitt 3,5 Jahre (5 %)

---

[9] Top MBA (2022).

- Akademischer Ruf (10 %)
- Forschungswirkung (2,5 %)
- Anteil der Lehrkräfte mit Promotion (2,5 %)
- Anteil weiblicher Studierender (2,5 %)
- Anteil weiblicher Lehrkräfte (2,5 %)
- Anteil internationaler Studierender (2,5 %)
- Anteil internationaler Lehrkräfte (2,5 %)

Ein Vergleich der Kriterien der Financial Times und der QS Global MBA Rankings zeigt, dass das Financial Times Ranking stärker datenbasiert ist. Umfragen sind bekanntermaßen subjektiv, doch die von der Financial Times verwendete Umfrage befragt einzelne Alumni zu ihren persönlichen Erfahrungen und eigenen Kennzahlen, während die QS-Umfragen zu Arbeitgeber- und akademischem Ruf aggregierte Daten abfragen, die größtenteils auf Meinungen beruhen.

8. Weitere Elite-Schulgruppen
Unabhängig von Rankings und Akkreditierungen gibt es informelle (oder mitunter auch formelle) Zusammenschlüsse der führenden Universitäten oder Business Schools eines Landes, die die Wahl der Hochschule bzw. des MBA-Programms beeinflussen können. Die wichtigsten nationalen Gruppierungen in fünf bedeutenden Ländern sind:

- Die informelle M7-Gruppe in den USA („The Magnificent Seven"): Harvard, Stanford, MIT Sloan, Columbia, Wharton (UPenn), Kellogg (Northwestern), Chicago Booth
- Go8 in Australien („Group of Eight"): Adelaide, Australian National, Melbourne, Monash, UNSW, Queensland, Sydney und Western Australia
- C9 in China: Fudan, Shanghai Jiao Tong, Peking, Tsinghua, Harbin, Nanjing, USTC, Xi'an Jiaotong, Zhejiang
- Die Russell Group mit 24 Universitäten im Vereinigten Königreich: Cambridge, Oxford, LSE, UCL, Imperial usw.
- Die „Grande École"-Business Schools in Frankreich: etwa drei Dutzend Institutionen

Die M7 in den USA ist relevanter als die Ivy League, die aus den acht ältesten und renommiertesten privaten Universitäten an der Ostküste besteht, da einige der Ivy-League-Universitäten gar keine Business Schools haben (Princeton und Brown), während Stanford und die beiden Chicagoer Hochschulen in den MBA-Rankings zu den Spitzenreitern zählen. Weitere bedeutende Ausnahmen mit großem Einfluss im MBA-Bereich sind die London Business School (die nicht zur Russell Group gehört) und CEIBS (die kein Mitglied der C9 in China ist).

Zusammenfassung

Rankings und Akkreditierungen erfüllen unterschiedliche Zwecke, die sich mit zwei Metaphern veranschaulichen lassen:

Rankings sind wie ein Bambuswald: Bambus wächst über zehn Meter hoch und ist daher schon von weitem sichtbar; seine Wurzeln reichen jedoch kaum tiefer als einen Meter. Dies steht sinnbildlich für die hohe Sichtbarkeit von Rankings, die jedoch nur auf wenigen Faktoren basieren.

Akkreditierungen hingegen sind wie ein Weinberg: Die Reben werden nur etwa 1,5 m hoch und sind daher wenig auffällig, ihre Wurzeln reichen jedoch fünf bis zehn Meter tief. Diese Tiefe steht für die fundierte Recherche und die intensiven Gespräche, auf denen der Akkreditierungsprozess beruht.

Die Metaphern lassen sich noch weiterführen: Bambus wird im Bauwesen als Gerüst verwendet, so wie Rankings zur Unterstützung der MBA-Entscheidung herangezogen werden; während das konzentrierte Produkt des Weinbergs, der Wein, den Akkreditierungsberichten entspricht, die alle Schlüsselinformationen der Hochschule bündeln.

Letztlich sind sowohl Rankings als auch Akkreditierungen Werkzeuge, die Ihre Entscheidung und die Auswahl eines MBA-Programms unterstützen können. Sie sollten jedoch nicht die einzigen Kriterien sein, und wie bei allen Werkzeugen erfordert es Zeit und Übung, um sie fachkundig und effizient einzusetzen.

Literatur

AACSB. (n. d.) *AACSB-accredited schools*. https://www.aacsb.edu/accredited. Zugegriffen: 23. Apr. 2023.

AMBA. (n. d.) *AMBA-accredited business schools*. https://www.associationofmbas.com/business-schools/accreditation/accredited-schools/. Zugegriffen: 19. July. 2023.

Byrne, J. (2023, February 12). Financial Times 2023 MBA Ranking: The biggest bombshell is Wharton's disappearance. *Poets & Quants*. https://poetsandquants.com/2023/02/12/financial-times-2023-mba-ranking/. Zugegriffen: 12. Febr. 2023.

EQUIS. (n. d.) *EQUIS accredited schools*. https://www.efmdglobal.org/accreditations/business-schools/equis/equis-accredited-schools/. Zugegriffen: 23. Apr. 2023.

Jack, A., Cremonezi, L. & Stephens, S. (2023, February 12). Global MBA ranking 2023: Methodology update and entry criteria. *The Financial Times*. https://www.ft.com/mba-method. Zugegriffen: 12. Febr. 2023.

Ortmans, L. (2018, January 1). Asian business schools on the rise. *The Financial Times*. https://www.ft.com/content/c17c448c-d5e6-11e7-a303-9060cb1e5f44. Zugegriffen: 19. Apr. 2023.

QS University Rankings. (n. d.) University rankings. https://www.topuniversities.com/university-rankings. Zugegriffen: 19. Apr. 2023.

The Financial Times. (2023). Business school rankings. *The Financial Times*. https://rankings.ft.com/home/masters-in-business-administration. Zugegriffen: 19. Apr. 2023.

The Financial Times. (n. d.) Methodology. *The Financial Times*. https://rankings.ft.com/methodology. Zugegriffen: 3. Mar. 2023.

Top MBA. (2022, September 29). QS global MBA rankings: Methodology. *Top MBA*. https://www.topmba.com/mba-rankings/methodology. Zugegriffen: 3. Mar. 2023.

University of Pennsylvania. (2021). *TTCSP global go to think tank index reports*. https://repository.upenn.edu/think_tanks/. Zugegriffen: 14. May 2023.

4

Was eine Business School bei einem MBA-Bewerber sucht

MBA-Zulassungsmuster

Haben Sie schon einmal von den sprichwörtlichen „T-förmigen Menschen" gehört, deren Kompetenzprofil der Form des Buchstabens „T" entspricht: Sie verfügen über ein breites Wissen in verschiedenen Disziplinen (der horizontale Balken des „T") und eine tiefe Spezialisierung in einem bestimmten Bereich (der vertikale Balken)? Sie sind die idealen Mitarbeitenden für Beratungsunternehmen: interessante und kenntnisreiche Teamplayer, die zugleich so spezialisiert sind, dass ihre Fähigkeiten für die Organisation einen Mehrwert bieten.

Ungefähr diesem Typus entspricht auch das Idealbild der Bewerberinnen und Bewerber, das sich Business Schools für ihre MBA-Programme wünschen. Allerdings wählen Business Schools nicht nur solche Personen aus; die MBA-Programme tragen auch dazu bei, T-förmige Persönlichkeiten zu entwickeln. Ironischerweise ist es jedoch wahrscheinlicher, dass man als T-förmige Person aus dem MBA hervorgeht, wenn man bereits als solche in das Programm eingestiegen ist.

So wie berühmte Bars und Restaurants ihre eigenen Signature-Cocktails haben, unterscheiden sich auch renommierte Business Schools darin, welche Mischung an Eigenschaften sie bei ihren idealen MBA-Bewerberinnen und -Bewerbern suchen. Die Harvard Business School ist bekannt (berechtigt oder nicht) für ihr „3M"-lastiges Studierendenprofil: McKinsey, Militär, Mormonen.[1] In der Regel verfügen Vollzeit-MBA-Programme (insbesondere solche, die auf Englisch angeboten werden) über einen globalen Bewerbermarkt, sodass sie größere Auswahlmöglichkeiten bei der Kandidatenauswahl haben und aus einem größeren Pool „fischen" können. Im Gegensatz dazu ist die Reichweite vieler Teilzeitprogramme meist auf die Stadt oder Region beschränkt, in der sie angeboten werden, da Teilzeit-MBA-Studierende während des Studiums weiterhin berufstätig sind. Das bedeutet, dass die Bewerbungen für Teilzeit-MBAs weniger wettbewerbsintensiv sind und solche Programme häufiger „Bewerbernehmende" als „Bewerberformende" sind. Ein Blick auf die Zulassungsquoten der Vollzeit-MBA-Programme der führenden US-Business Schools verdeutlicht dies: Die Stanford Graduate School of Business ist stets am schwierigsten zu erreichen, mit nur 6,2 % der Vollzeit-MBA-Bewerberinnen und -Bewerber, die 2021 ein Zulassungsangebot erhielten, und 93,6 % dieser Zugelassenen, die das Angebot annahmen (die sogenannte Yield Rate). Im selben Jahr lag die Zulassungsquote für den Harvard MBA bei 12,5 % und die Yield Rate bei 82,7 %; beim MIT MBA lag die Zulassungsquote bei 12,1 %, die Yield Rate jedoch nur bei 52,4 %.[2] Harvard nahm eine von acht Bewerbungen an (und lehnte sieben von acht ab), während Stanford eine von 16 Bewerbungen annahm (und 15 von 16 ablehnte). Im Gegensatz dazu stehen die Bewerbungsstatistiken der weniger wettbewerbsintensiven und stärker regional/lokal ausgerichteten Teilzeit-MBA-Programme, bei denen die Mehrheit der Bewerberinnen und Bewerber – manchmal sogar die überwältigende Mehrheit – aufgenommen wird.

---

[1] The Economist (2008).
[2] Ethier (2022).

Acht Schlüsselfaktoren

Welche Schlüsselfaktoren berücksichtigen Business Schools also bei der Auswahl ihrer MBA-Kohorte? Nachfolgend finden Sie eine Beschreibung der acht zentralen Dimensionen, auf die Business Schools bei MBA-Bewerberinnen und -Bewerbern achten. Es ist offensichtlich, dass Sie nicht in allen acht Kategorien Bestleistungen vorweisen müssen, um aufgenommen zu werden: Stärken in einem Bereich können Schwächen in einem anderen ausgleichen. Beispielsweise kann ein sehr gutes GMAT-Ergebnis (z. B. über 750 Punkte, was Sie zu den besten 2 % aller Testteilnehmenden zählen würde) dazu führen, dass Sie auch dann an einer Top-Business School aufgenommen werden, wenn Ihre bisherige Karriere noch nicht herausragend war – ein Muster, das häufig bei sehr talentierten, jungen Bewerbenden zu beobachten ist, die noch keine Gelegenheit hatten, ihr Karrierepotenzial zu entfalten. Und umgekehrt: Wenn Sie CEO eines Unternehmens sind, spielen Ihr Bachelor-Abschluss und Ihr GMAT-Ergebnis kaum noch eine Rolle.

1. Akademische Exzellenz
Wir haben Sie in Kap. 1 bereits darauf hingewiesen, dass MBA-Kritiker versuchen werden, Sie davon zu überzeugen, dass die Abkürzung MBA für „mittelmäßig, aber arrogant" steht. Zumindest das Argument der Mittelmäßigkeit lässt sich jedoch leicht widerlegen: Die meisten führenden Business Schools verlangen in der Regel einen soliden Bachelor-Abschluss (z. B. einen GPA von 3,7 von 4,0 im US-System oder einen 2:1-Abschluss im britischen System) sowie einen GMAT-Score von über 600 bis 650 von 800 Punkten (sofern gefordert, meist für Vollzeit-MBAs). Im MBA-Jahrgang 2021 lag der mittlere GMAT-Score der Zugelassenen in Stanford bei 738 Punkten, in Harvard bei 730 Punkten.[3] Im selben Jahr lag der niedrigste GMAT-Score, mit dem jemand in Harvard aufgenommen wurde, bei 590 Punkten (was darauf hindeutet, dass diese Person in anderen Bereichen besonders herausragend war, um das relativ schwache GMAT-Ergebnis auszugleichen). Ein GMAT-Score

---

[3] Skikne (2022).

von 730 entspricht dem 96. Perzentil, was laut offizieller GMAT-Statistik bedeutet, dass Sie zu den besten 4 % aller Testteilnehmenden gehören (während der Durchschnittswert aller Testteilnehmenden für 2019–2021 bei 575 Punkten lag).[4]

Die akademischen Anforderungen sind zum Teil durch die wissenschaftliche Strenge der Programme und den Druck, den das MBA-Studium auf die Teilnehmenden ausübt, gerechtfertigt: Von den Studierenden wird erwartet, dass sie mit einem bestimmten Maß an akademischer Vorbildung, Kommunikationsfähigkeit und einem Mindestniveau an quantitativen und logischen Fähigkeiten ins Studium starten. Um es klar zu sagen: Wenn auch nur eine Person im Hörsaal deutlich unter dem Niveau der anderen liegt (das sprichwörtliche „quietschende Rad"), kann dies das Diskussionsniveau senken und die Zeit der Dozierenden vergeuden – und so den Lernprozess für alle gefährden.

Gute Noten im Bachelor-Studium signalisieren neben Intelligenz auch weitere Eigenschaften, die für die spätere Beschäftigungsfähigkeit relevant sind, darunter Fleiß und Disziplin sowie die Fähigkeit, sich in eine systemische Organisation und Hierarchie einzufügen. Dies sind Merkmale, die von Arbeitgebern geschätzt werden, und ein guter Bachelor-Abschluss dient als Indikator dafür – in manchen Branchen sogar mehr als in anderen. Beispielsweise wird von Beraterinnen und Beratern insbesondere erwartet, dass sie umgänglich und anpassungsfähig sind und keineswegs konträr auftreten; während Widerspenstigkeit eher im unternehmerischen Umfeld geschätzt wird.

Die gute Nachricht ist: Wenn Ihr Notendurchschnitt bzw. Ihr Bachelor-Abschluss nicht besonders beeindruckend ist, können Sie dies durch ein hohes GMAT-Ergebnis ausgleichen. Bewerberinnen und Bewerber werden von den Zulassungsbeauftragten sogar ermutigt, dieses „Spiel" zu spielen. Sie können in Ihrem Bewerbungsessay durchaus plausibel argumentieren, dass Ihr solider GMAT-Score von 670 Punkten beweist, dass Sie den Anforderungen des MBA-Studiums problemlos gewachsen sind, auch wenn Ihr Abschluss nicht der beste war. Bemerkenswert ist, dass ein hoher GMAT-Score Ihnen sogar über das MBA-Studium

---

[4] MBA.com (o. J.).

hinaus nützen kann: Strategieberatungen werben bei ihren Kunden gerne mit dem durchschnittlichen GMAT-Score des eingesetzten Beraterteams. Hoffentlich motiviert Sie das bei der Vorbereitung auf den GMAT-Test. Wir empfehlen, etwa 200 Stunden bzw. drei Monate zu investieren, um Ihr GMAT-Potenzial voll auszuschöpfen.

Wir können diese akademischen Schwellenwerte mit einer Metapher veranschaulichen: Stellen Sie sich das MBA-Programm als Mikrowelle vor. Wenn Sie Maiskörner hineingeben und den Timer einschalten, erhalten Sie nach einigen Minuten Popcorn. Wenn Sie jedoch ein rohes Ei in die Mikrowelle legen, baut sich der Druck so lange auf, bis das Ei platzt. Die Mindestanforderung an die akademische Qualifikation für ein MBA-Studium stellt sicher, dass die Studierenden, die aufgenommen werden, dem reifen Mais entsprechen, der bereit ist, zu „poppen" – und nicht rohen Eiern.

2. Beruflicher Erfolg
Vielleicht haben Sie schon einmal den Satz gehört: „Nichts ist so erfolgreich wie der Erfolg." MBA-Programme helfen Ihnen, Ihren nächsten Karriereschritt zu machen, aber Business Schools wissen sehr genau, dass es viel einfacher ist, jemanden in einen Traumjob zu vermitteln, der bereits in seiner bisherigen Laufbahn erfolgreich war. Sie müssen kein CEO sein, um sich für ein MBA-Studium zu bewerben, aber Sie sollten nachweisen können, dass Ihnen in Ihrer bisherigen Karriere zumindest einige Führungsaufgaben übertragen wurden. In Kap. 1 haben wir die vier Kategorien von Führungserfahrung aufgeführt, die die London Business School bei der Zulassungsentscheidung berücksichtigt (Führung von Mitarbeitenden, Budgets, Projekten und Prozessen). Mit dem enormen Wachstum von Technologieunternehmen im letzten Jahrzehnt hat auch das „Produktmanagement" an Bedeutung gewonnen, da es die gesamte Kette von der Produktentwicklung bis zur Positionierung und Preisgestaltung umfasst. Vor diesem Hintergrund sollten Sie in Ihren Bewerbungsessays Ihre beruflichen Erfolge so stark wie möglich hervorheben, anstatt persönliche Geschichten zu erzählen, die Ihre beruflichen Qualifikationen nicht unterstreichen.

Ihr bisheriger beruflicher Erfolg und Ihre Seniorität können Ihnen auch bei der Entscheidung zwischen einem zweijährigen und einem einjährigen Vollzeit-MBA helfen. US-amerikanische zweijährige Programme eignen sich besser für Personen, die einen Branchenwechsel anstreben (dank der längeren Studiendauer und der Möglichkeit eines Praktikums zwischen den beiden Jahren); so bieten sie mehr Zeit zur Vorbereitung und Bewerbung und sind daher auch für jüngere Bewerbende mit weniger beeindruckender Berufserfahrung geeignet. Einjährige MBA-Programme hingegen sind besser für Personen, die ihre aktuelle Karriere beschleunigen möchten; daher achten die Zulassungsbeauftragten hier besonders auf die bisherigen beruflichen Erfolge.

3. Arbeitsmarktfähigkeit

Ihre Karrierechancen nach dem MBA hängen eindeutig mit Ihrer bisherigen Laufbahn zusammen, auch wenn Sie Branche oder Funktion wechseln möchten. Dennoch lassen sich manche Karrierewege leichter branchen- und unternehmensübergreifend gestalten. Ingenieurinnen und Ingenieure sowie Offiziere sind beispielsweise leicht in Banken und Beratungen vermittelbar, während Künstlerinnen und Künstler oder Philosophinnen und Philosophen Schwierigkeiten hätten, eine Position mit quantitativer Ausrichtung zu bekommen. Ebenso ist ein Wechsel von der Buchhaltung ins Rechnungswesen ein Selbstläufer; und ein Investmentbanker kann relativ problemlos in die Strategieberatung wechseln – und umgekehrt.

Wenn Sie planen, nach dem MBA Ihre Karriere neu auszurichten oder in ein anderes Land zu wechseln, sollten Sie die Zulassungsbeauftragten besonders davon überzeugen, dass Sie Alternativpläne haben, falls Ihr Wunschszenario nicht eintritt. Sie könnten zum Beispiel Ihre Bereitschaft betonen, im Rahmen eines Plan B in Ihre alte Branche oder im Rahmen eines Plan C in Ihr Herkunftsland zurückzukehren.

Die Karriereberaterinnen und -berater im Career Center der Hochschule sind häufig in Zulassungsfragen eingebunden und werden teilweise sogar an ihrer Erfolgsquote bei der Vermittlung von MBA-Absolventinnen und -Absolventen gemessen. Deshalb erscheint eine Bewerberin oder ein Bewerber mit einer soliden, mehrjährigen Berufserfahrung (mit Führungsverantwortung gegen Ende) für die Zulassung attraktiver als ein besonders talentierter Hochschulabsolvent ohne Berufserfahrung.

4. Zahlungsfähigkeit

Die MBA-Gebühren sind aus gutem Grund hoch: Der MBA ist ein Premium-Bildungsprodukt. Für den Jahrgang 2023 beträgt die Studiengebühr für den Vollzeit-MBA an der INSEAD 97.000 Euro und an der London Business School (LBS) 109.700 Pfund.[5] Obwohl es einige Stipendien gibt, wird von den meisten MBA-Studierenden erwartet, dass sie ihre Ausbildung vollständig selbst finanzieren. Die LBS-Website listet allein für den Vollzeit-MBA rund 100 verschiedene Stipendienprogramme auf (einige davon sind exklusive LBS-Stipendien aus einem eigenen Fördertopf, andere sind nationale Fonds/Stiftungen, die Studierende bestimmter Nationalitäten unterstützen).[6] Sie können sich jedoch glücklich schätzen, wenn Ihnen von einer Top-Schule ein Stipendium, Zuschuss oder Rabatt angeboten wird; tatsächlich sind es meist die Business Schools im mittleren Segment, die eher bereit sind, Preisnachlässe in Form von Stipendien zu gewähren.

Den Schulen ist es in der Regel egal, ob Sie Ihre Studiengebühren aus eigenen Ersparnissen, durch einen Bildungskredit oder durch die Unterstützung eines Familienmitglieds bezahlen. Um Ihr Engagement sicherzustellen, verlangen die Schulen meist eine Anzahlung von mehreren Tausend USD/Euro, die kurz nach Erhalt des Zulassungsbescheids zu leisten ist. Die absoluten Top-Schulen haben Kreditvereinbarungen mit lokalen Banken, sodass ein Zulassungsangebot bereits als ausreichende Sicherheit für einen Kredit gilt (auch für internationale Studierende) – aber dies gilt nur für eine Handvoll Institutionen. Alle anderen Schulen überlassen die finanzielle Organisation Ihnen selbst. Als Beispiel für die Optionen einer Top-Schule listet INSEAD im Rahmen der „Global INSEAD Loans" sieben mögliche Kreditlösungen für zugelassene MBA-Studierende auf.[7] Eine davon ist die Kreditplattform Prodigy Finance, die 2007 von INSEAD-Alumni als Peer-to-Peer-Kreditnetzwerk für

---

[5] London Business School (n. d.-a).
[6] London Business School (n. d.-b).
[7] INSEAD Loans (n. d.).

Alumni gegründet wurde, inzwischen aber Studienkredite für zugelassene Studierende an 850 Bildungseinrichtungen weltweit anbietet.[8]

Das Zulassungsverfahren an einer Business School im mittleren Segment ist ein interessantes Beispiel für „Preiselastizität" in der Praxis: Ihre Bewerbung ist in der Regel ein „offenes Buch", in dem Sie Ihren Karriereverlauf detailliert offenlegen (und damit auch Ihre Einkommensklasse bekannt wird), sodass die Zulassungsbeauftragten Ihre Zahlungsbereitschaft einschätzen können. Wenn die Schule Sie unbedingt in ihrer MBA-Klasse haben möchte, kann sie die MBA-Gebühr durch ein Stipendium oder einen Rabatt gezielt senken, um Sie zu gewinnen. Signalisieren Sie daher unbedingt Ihr starkes Interesse an Stipendienoptionen, um den Verhandlungskanal mit der Schule zu öffnen.

Wenn Sie sich für Stipendien bewerben möchten, sollten Sie Ihre MBA-Bewerbung frühzeitig im Auswahlzyklus einreichen. In den späteren Phasen nehmen die Schulen in der Regel nur noch Bewerber von der Warteliste, die die volle Gebühr zahlen können. Es wäre also kein guter Zeitpunkt, um mit Verhandlungen zu beginnen, wenn Sie erst in der letzten Runde zugelassen werden.

5. Unternehmenssponsoring

Es gibt gute Gründe, warum Business Schools gerne von Unternehmen geförderte Studierende aufnehmen. Wenn Sie mit einem Unternehmenssponsoring kommen, bringen Sie bereits zwei Empfehlungen mit: (i) Vorauswahl: Ihr Arbeitgeber hält Sie für würdig, die Kosten (und den Aufwand) eines MBA-Studiums auf sich zu nehmen; und (ii) Vorabgenehmigung: Das finanzielle Paket macht Verhandlungen über die Studiengebühren überflüssig. (Unternehmen verhandeln in der Regel nicht so hart wie Privatpersonen, wenn es um eine Zahlung von 100.000 USD geht.)

Schulen schätzen von Unternehmen geförderte Studierende auch deshalb, weil sie eine Beziehung zwischen der Schule und dem Unternehmen schaffen, die zu Arbeitsplätzen für andere Absolventen und zu Forschungsmöglichkeiten für Professoren führen kann (die so Zugang

---

[8] Prodigy Finance (n. d.).

zu den Unternehmensdaten erhalten, um einen Fachartikel zu schreiben oder eine Fallstudie zu erstellen). Ein einziger von einem Unternehmen geförderter Studierender kann sich zu einer mehrjährigen Kooperation für mehrere Mitarbeitende entwickeln – sowohl für MBA- und andere Studienprogramme als auch für Executive Education (die oft das margenstärkste Produkt einer Business School ist).

In der Regel ist das Unternehmenssponsoring für Teilzeit-MBAs relevanter. Vollzeit-MBAs erhalten selten ein Unternehmenssponsoring, es sei denn, sie arbeiten für eine führende Strategieberatung, eine Investmentbank, einen globalen Konzern oder für die US-Armee – alle diese Organisationen haben etablierte Sponsoring-Praktiken. Auch Familienunternehmen fördern häufig das Studium der nächsten Generation, da es steuerlich effizienter ist, die Kosten aus dem Vorsteuergewinn zu zahlen als aus dem Nettoeinkommen nach Steuern.

Auch wenn Ihr Arbeitgeber nicht bereit ist, Ihr Studium zu finanzieren, fragen Sie nach, ob in Ihrem Land ein „Gehaltsumwandlungsmodell" möglich ist (abhängig von den steuerlichen Regelungen). Bei einem solchen Modell behält das Unternehmen einen Teil Ihres Bruttogehalts ein und zahlt daraus Ihre Studiengebühren als Betriebsausgabe – die Gebühr wird also aus dem Bruttogehalt und nicht aus dem Nettoeinkommen nach Steuern bezahlt.

EMBA-Studenten sind typischerweise häufiger durch Unternehmen gefördert (ebenso wie viele Teilnehmende an Executive Education). Wenn Sie ein EMBA-Programm besuchen, in dem die Mehrheit der Teilnehmer die Gebühren selbst zahlt, handelt es sich möglicherweise um einen Teilzeit-MBA, der aus Marketinggründen als EMBA bezeichnet wird.

6. Diversität
Geschlecht, Nationalität, ethnische Zugehörigkeit und LGBT+-Status sind zentrale Dimensionen, die die meisten führenden Business Schools berücksichtigen. Ein ausgewogenes Geschlechterverhältnis in einer MBA-Klasse ist der Traum vieler Programmleiter. Daher haben Frauen oder Angehörige unterrepräsentierter Nationalitäten oder Minderheiten an den meisten Business Schools bessere Zulassungschancen. Die einzige große Ausnahme ist China, wo Frauen keinen bevorzugten Zugang

mehr erhalten, da chinesische MBA-Programme bereits mehr als 50 % weibliche Studierende im Hörsaal haben.[9]

Einige Organisationen haben Diversität als Hauptfokus und können Ihnen helfen, die „fortschrittlicheren" Schulen oder Möglichkeiten zu identifizieren. Beispiele sind das Athena SWAN-Akkreditierungsrahmenwerk (ursprünglich eine Abkürzung für Scientific Women's Academic Network), das sich inzwischen allgemein für Geschlechtergerechtigkeit in der Hochschulbildung einsetzt,[10] sowie die Forte Foundation, die MBA-Stipendien an Frauen vergibt, sobald sie an einer der 55 teilnehmenden Top-Business Schools in den USA und Europa angenommen wurden.[11]

Business Schools haben oft eigene Anreize und formelle oder informelle Quoten zur Förderung von Diversität. Selbst wenn die Schule, bei der Sie sich bewerben, keine explizite Liste von leistungs- oder diversitätsbasierten Stipendien hat, sollten Sie nachfragen, was sie für Diversität tun. Auch wenn dies Ihre Zulassungschancen nicht erhöht, können Sie zumindest sicher sein, in einer vielfältigen Klasse zu studieren.

7. Außergewöhnliche Leistungen und Führungskompetenz

Sie müssen kein Olympiamedaillengewinner sein, um sich für ein Top-MBA-Programm zu bewerben – aber es hilft. Einige der besten Vollzeit-MBA-Programme lehnen neun von zehn Bewerbern ab, daher ist es per Definition von Vorteil, außergewöhnlich zu sein. Außergewöhnlichkeit/Einzigartigkeit kann viele Formen annehmen, zum Beispiel sportliche Errungenschaften, ausgezeichnete Veteranen, erfolgreiche Unternehmer, preisgekrönte Charity-Leiter, Medienpersönlichkeiten (einschließlich Social Influencer). Machen Sie sich jedoch keine Sorgen, wenn Sie nicht zu den Ausnahmetalenten gehören: Rund 98 % der erfolgreichen MBA-Bewerber sind vermutlich in keiner Hinsicht weltführend. Dennoch ist es wichtig, jede Führungsleistung und jeden Erfolg im Lebenslauf/Resume hervorzuheben: jeden absolvierten Marathon, bestiegen

---

[9] Allen (2020).
[10] Athena Swan Charter (n. d.).
[11] Forte Foundation (n. d.).

Berggipfel, geleitetes Arbeitsteam, organisiertes Gemeinschaftsprojekt usw. Das Beste daran ist, dass Sie für einen Marathon in weniger als einem Jahr trainieren und ihn absolvieren können; oder eine Initiative entwickeln und umsetzen können, die Sie in noch kürzerer Zeit leiten. Während Sie also Ihre MBA-Bewerbungspläne vorantreiben, können Sie gezielt besondere (und authentische) Inhalte für Ihren Lebenslauf schaffen – aus guten Gründen.

Die Nyenrode Business Universiteit in den Niederlanden hat drei Kernwerte, die für jeden MBA-Bewerber nützlich sein können: Leadership, Entrepreneurship, Stewardship.[12] Gehen Sie also Ihren Lebenslauf durch und heben Sie hervor, wann Sie 1) Teams geführt, 2) Neues initiiert und 3) andere gefördert haben. Diese Erfahrungen können auch als Grundlage für einige Ihrer Bewerbungsessays dienen.

8. Unternehmerischer Elan
Unternehmertum ist in den letzten zehn Jahren ein besonders heißes Thema an Business Schools geworden und verdient daher eine besondere Erwähnung. Sie müssen nicht einmal als Unternehmer erfolgreich gewesen sein: Auch unternehmerisches Scheitern zählt (sofern Sie es als Lernprozess darstellen und nicht über die Ungerechtigkeit der Welt klagen). Sie müssen nicht einmal ein Start-up gegründet haben, um unternehmerischen Geist zu beweisen: Neues zu initiieren zählt, egal ob es sich um neue Projekte im Job, neue Initiativen in der Nachbarschaft oder die Organisation des Abitreffens handelt. Während die Vorbereitung auf einen Marathon bis zu ein Jahr dauern kann, ist die Gründung eines eigenen Unternehmens in den meisten westlichen Ländern in weniger als einer Stunde und zu minimalen Kosten möglich (im Vereinigten Königreich z. B. 12 GBP bei Online-Anmeldung).[13] Wenn Sie also eine Start-up-Idee haben, könnten Sie diese vor Ihrer MBA-Bewerbung umsetzen und dann in Ihren Essays darüber berichten. Das Beste an der Unternehmensgründung ist, dass es eine Win-win-Strategie ist: Das Start-up kann zu etwas Neuem führen (wenn auch nicht unbedingt

---

[12] Nyenrode Business Universiteit (n. d.).
[13] Government UK (n. d.).

Großem – denken Sie daran, dass die meisten Start-ups ohnehin scheitern),[14] oder Sie sammeln wertvolle Erfahrungen, die zu einer Ihrer Essay-Geschichten werden können. Es gibt jedoch einen wichtigen Hinweis: Prüfen Sie mit Ihrem aktuellen Arbeitgeber oder in Ihrem Arbeitsvertrag, ob Sie als Geschäftsführer tätig sein dürfen (was Sie als Unternehmensinhaber per Definition wären).

Unternehmertum ist auch mit Neugier und Kreativität verbunden. Wenn Sie bisher nichts Unternehmerisches gemacht haben, können Sie in Ihren Bewerbungsessays zumindest Geschichten aus Ihrem Leben und Ihrer Karriere hervorheben, die Sie als dynamische und interessante Persönlichkeit zeigen. Es ist daher nie zu spät, einen Blog zu einem für Sie spannenden Thema zu starten oder eine kuratierte Instagram-Seite zu einem bestimmten Thema einzurichten.

Zusammenfassung

Die acht Kategorien von Eigenschaften, nach denen Business Schools suchen, lassen sich in drei große Gruppen zusammenfassen: 1) Intelligenz und akademische Leistungen; 2) Beruflicher Erfolg und finanzielle Stabilität; und 3) Einzigartigkeit. Es sei nochmals betont, dass all diese Kategorien relativ sind und Sie nicht in jeder Dimension ein Star sein müssen. Die Zulassung zu einem führenden MBA ist ein ganzheitlicher Prozess, bei dem alles zählt: Wenn Sie auf der einen Seite mehr „Punkte" sammeln, benötigen Sie auf der anderen Seite weniger. Wenn Sie dieses Buch lesen, ist es sehr wahrscheinlich, dass Sie allein schon durch das Thema und Ihre eigene Selbstselektion (Interesse an einem MBA) bereits eine „T-förmige Persönlichkeit" sind. Daher ist es wichtig, all Ihre zentralen Qualitäten hervorzuheben und anschaulich und überzeugend darzustellen, wie Ihr „T" durch Ihre Ausbildung geformt und in Ihrer beruflichen Laufbahn weiterentwickelt wurde. Im nächsten Kapitel besprechen wir, wie Sie Ihrem MBA-Bewerbungsprozess den letzten Schliff geben können.

---

[14] Eisenmann (2021).

Literatur

Allen, N. (2020, December 9). The most gender equitable MBA programs are in … China?. *Poets & Quants*. https://poetsandquants.com/2020/12/09/the-most-gender-equitable-mba-programs-are-in-china/. Zugegriffen: 14. Apr. 2023.

Athena Swan Charter. (n. d.) *Homepage*. https://www.advance-he.ac.uk/equality-charters/athena-swan-charter. Zugegriffen: 14. Apr. 2023.

Eisenmann, T. (2021). Why start-ups fail. *Harvard Business Review*. https://hbr.org/2021/05/why-start-ups-fail. Zugegriffen: 15. Apr. 2023.

Ethier, M. (2022, April 22). 'The Window' closes: Acceptance rates at the top 50 U.S. MBA programs. *Poets & Quants* https://poetsandquants.com/2022/04/02/the-window-closes-acceptance-rates-at-the-top-50-u-s-mba-programs/. Zugegriffen: 14. Apr. 2023.

Forte Foundation. (n. d.) *Homepage*. https://www.fortefoundation.org/site/SPageServer/?pagename=partners_bschool. Zugegriffen: 14. Apr. 2023.

Government UK. (n. d.) *Register your company*. https://www.gov.uk/limited-company-formation/register-your-company. Zugegriffen: 15. Apr. 2023.

INSEAD. (n. d.) *Global INSEAD loans*. https://www.insead.edu/master-programmes/mba/financing/external-funding. Zugegriffen: 15. Apr. 2023.

London Business School. (n. d.-a). *Fees, financing and scholarships*. Accessed April 15, 2023, from https://www.london.edu/masters-degrees/mba/fees-financing-and-scholarships. Zugegriffen: 15. Apr. 2023.

London Business School. (n. d.-b). *Search for funding*. https://www.london.edu/masters-degrees/financial-aid/search-for-funding. Zugegriffen: 15. Apr. 2023.

MBA.com. (n. d.) GMAT: Understanding your score. *MBA*. https://www.mba.com/exams/gmat-exam/scores/understanding-your-score. Zugegriffen: 15. Apr. 2023.

Nyenrode Business Universiteit. (n. d.) *Core values*. https://www.nyenrode.nl/en/about-nyenrode/core-values. Zugegriffen: 15. Apr. 2023.

Prodigy Finance. (n. d.) *Homepage*. https://prodigyfinance.com. Zugegriffen: 15. Apr. 2023.

Skikne, C. (2022, February 8). What GMAT score do you need for Harvard?. *BusinessBecause*. https://www.businessbecause.com/news/gmat/6930/gmat-score-for-harvard. Zugegriffen: 15. Apr. 2023.

The Economist. (2008, August 7). Factory for unhappy people. *The Economist*. Accessed May 8, 2023 from https://www.economist.com/books-and-arts/2008/08/07/factory-for-unhappy-people. Zugegriffen: 8. May 2023.

5

Wie Sie sich für Ihr ideales MBA-Programm bewerben

Acht Schritte zum Abheben

Stellen Sie sich Ihren MBA-Bewerbungsprozess wie den Start einer Rakete ins All vor. Der erste Kurstag ist der Moment des Abhebens. Dem geht jedoch eine jahrelange Phase der Forschung und Entwicklung (F&E) voraus. Nachfolgend finden Sie unseren Leitfaden in acht Schritten, um sich optimal auf den MBA-Bewerbungsprozess vorzubereiten und ihn erfolgreich zu meistern, bis Sie den Moment des erfolgreichen Abhebens erreichen: die Annahme eines Zulassungsangebots Ihrer Wunsch-Business School und den Start ins MBA-Programm. Für diesen Prozess sollten Sie etwa zwei Jahre einplanen, jeweils zur Hälfte für das „F" und das „E" der F&E: Ein Jahr, um Ihre idealen Hochschulen und Programme zu recherchieren, und ein weiteres Jahr, um Ihre Bewerbung zu entwickeln und zu perfektionieren.

1. Informationen über den MBA einholen

In Kap. 1 haben wir die acht zentralen Beweggründe für ein MBA-Studium erläutert. Diese können Ihnen hoffentlich dabei helfen zu entscheiden, ob der MBA das richtige Programm für Sie ist – im Vergleich zu Alternativen wie einem weiterführenden Abschluss in Jura, Data Science, Digital Marketing usw.; berufsbezogenen Qualifikationen wie CFA, CIMA, ACCA, CIM; oder auch ganz ohne weiterführenden Abschluss oder Qualifikation.

Im Rahmen der Informationsbeschaffung sollten Sie alle relevanten Wikipedia-Artikel lesen (einschließlich des Abschnitts „Kritik"/„Kontroversen" am Ende – bedenken Sie, dass MBA-Programme kritisches Denken sehr schätzen); abonnieren Sie MBA-bezogene Inhalte, z. B. über Apple News, Google Alerts, Poets & Quants, BusinessBecause usw.; treten Sie Social-Media-Gruppen bei (GMAT Club, LinkedIn MBA-Alumni-Gruppen – sofern Sie aufgenommen werden); und sprechen Sie mit MBA-Absolventen. Bei der Recherche nach dem für Sie passenden MBA-Format können Sie auf die von uns in Kap. 2 vorgestellten Formate zurückgreifen (Vollzeit, Teilzeit, Online, Blended).

Ein Wort der Warnung zu Mini-MBAs: Wie ein Wodka-Martini aus fünf Teilen Wodka und einem Teil Martini besteht, so ist ein Mini-MBA fünf Teile „Mini" und ein Teil MBA. Die meisten Mini-MBAs bieten eine zufällige Auswahl an betriebswirtschaftlichem Wissen, das – selbst wenn es nützlich ist – in keiner Weise mit der Breite und Tiefe an Inhalten, Interaktion und Erfahrungen eines vollwertigen MBA vergleichbar ist. Es gibt jedoch einige gute „stapelbare Zertifikatsangebote" auf dem Markt. Das „MBA Essentials"-Programm der London School of Economics umfasst zehn Themen in zehn Wochen für 3.200 GBP – ein hervorragendes Probiermenü, wenn Sie sich noch nicht sicher sind, ob Sie einen vollwertigen MBA anstreben, und sich vor einer Entscheidung erst näher informieren möchten.[1]

2. Die wichtigsten Kriterien für Ihre Auswahl identifizieren

Wenn Sie beginnen, Ihre Optionen für ein MBA-Studium zu recherchieren, sollten Sie die Vielzahl an Faktoren berücksichtigen, die wir in Kap. 2 vorgestellt haben. Die wichtigsten sind Standort (Länder und Städte); Hochschultypen (privat oder staatlich); Studiengebühren (als Qualitätsindikator); institutionelle Netzwerke; Alumni-Netzwerke und

---

[1] LSE (o. J.).

Karrierewege; sowie besondere Schwerpunkte und Reputation für Spezialisierungen. Aufgrund ihrer Bedeutung haben wir Rankings und Akkreditierungen in einem eigenen Kapitel behandelt (Kap. 3). Im Folgenden vertiefen und rekapitulieren wir zwei entscheidende Dimensionen: Standort und Gebühren.

Unser wichtigster Rat zum Standort lautet: Versuchen Sie, Ihren MBA in dem Land oder der Stadt zu absolvieren, in der Sie nach dem Abschluss leben und arbeiten möchten. Selbst Business Schools mit globalem Renommee (Harvard, Stanford, LBS, INSEAD) verfügen über ihr stärkstes Alumni- und Unternehmensnetzwerk rund um ihren Heimatcampus. Dennoch sollten Sie sich auch über die arbeitsrechtlichen Bestimmungen und Visa-Formalitäten informieren, falls Sie nicht die jeweilige Staatsbürgerschaft besitzen. Die meisten westlichen Länder gewähren nach Abschluss eines MBA an einer anerkannten Institution ohne große Hürden eine ein- bis zweijährige Arbeitserlaubnis, aber darüber hinaus sind Sie weiterhin auf die Unterstützung Ihres zukünftigen Arbeitgebers für ein Arbeitsvisum angewiesen.

Seit dem Austritt des Vereinigten Königreichs aus der Europäischen Union im Jahr 2020 ist die Zahl der EU-Studierenden in Großbritannien zurückgegangen, da sich deren Arbeitsmöglichkeiten nach dem Brexit verschlechtert haben.[2] Andererseits wächst mit dem Aufstieg der asiatischen Volkswirtschaften und Business Schools das Interesse an MBA-Programmen in den globalen Metropolen Asiens wie Singapur, Hongkong und Shanghai. Im Financial Times Global MBA Ranking 2023 (für Vollzeit-MBAs) waren 19 Hochschulen aus dem asiatisch-pazifischen Raum vertreten: 6 in Indien, 5 in Singapur, 3 in Festlandchina, 3 in Hongkong, 1 in Südkorea und 1 in Australien;[3] im Vergleich zu 13 asiatischen Hochschulen im Ranking von 2012.[4] Im EMBA-Bereich ist der Aufstieg Asiens noch deutlicher: 32 der Top-100-EMBA-Programme im Financial Times EMBA Ranking 2022 wurden ganz

---

[2] O'Carroll und Adams (2023).
[3] The Financial Times (2023).
[4] The Financial Times (2012a).

oder teilweise in Asien (einschließlich Australien und Nahost) angeboten;[5] im Vergleich zu 25 im Ranking von 2012.[6]

Der zweite Aspekt, der für die meisten MBA-Bewerber von zentraler Bedeutung ist, sind die Studiengebühren. In der MBA-Welt gelten die Gebühren als Qualitätsindikator: Je höher die Gebühr, desto besser werden Institution und Programm wahrgenommen. Leider gibt es hier kein „kostenloses Mittagessen": Die Mehrheit der MBA-Studierenden zahlt den geforderten Preis (oder einen ähnlichen Betrag, abzüglich eines Stipendiums oder Rabatts, den die Hochschule eventuell gewährt). In Großbritannien beginnen die Gebühren für akkreditierte MBA-Programme bei etwa 25.000 USD[7] (insbesondere bei Programmen, die im Rahmen eines staatlich geförderten Ausbildungsprogramms subventioniert werden) und reichen bis zu etwa 200.000 USD für die EMBA-Programme von LBS und LSE.[8]

Wenn Sie alle von uns vorgeschlagenen Aspekte sorgfältig abgewogen haben und bereit für die Bewerbung sind, sollten Sie Ihre Shortlist der Ziel-Business Schools auf fünf reduzieren:

- Eine Traumschule (Ihr ambitioniertes Ziel)
- Drei ambitionierte, aber realistische Schulen (bei denen eine Zulassung wahrscheinlich ist)
- Eine sichere Schule (bei der Sie sicher aufgenommen werden)

3. Den richtigen Zeitpunkt für Ihre MBA-Bewerbung wählen
Wann ist ein guter Zeitpunkt, um sich für einen MBA zu bewerben? Die typischen Altersbereiche für die verschiedenen MBA-Formate sind:

- 25–30 für einen Vollzeit-MBA
- 27–35 für einen Teilzeit-MBA (Abend-/Wochenendformat)
- 30–45 für einen Executive MBA (meist im modularen Format)
- 25–45 für einen Online-MBA

---

[5] The Financial Times (2022).
[6] The Financial Times (2012b).
[7] De Novellis (2021).
[8] Nugent (2021).

Natürlich gibt es auch außerhalb dieser idealen Altersbereiche viele gute Gründe, sich für einen MBA zu bewerben. Wir haben in Japan und Lateinamerika schon 70-jährige MBA-Studenten gesehen, die sehr erfolgreich waren.

Wir empfehlen, bis zum geplanten Start Ihres MBA-Studiums mindestens drei Jahre Berufserfahrung zu haben (das ist die Mindestanforderung für einen von der AMBA akkreditierten MBA). Das gewährleistet nicht nur die nötige Reife, sondern auch ausreichend Praxiserfahrung, um im Unterricht über praktische Fragestellungen diskutieren zu können, statt alles nur theoretisch zu lernen. Institutionen mit langen Bewerbungszyklen (z. B. LBS, INSEAD und die führenden US-Schulen) verlangen in der Regel zwei Jahre Berufserfahrung bei der Bewerbung (z. B. im September), wobei davon ausgegangen wird, dass Sie bis zum Programmstart (z. B. im September des Folgejahres) weiterarbeiten. Einige US-Hochschulen nehmen besonders leistungsstarke Absolventen ihres eigenen Bachelor-Programms direkt in den MBA auf, ohne dass sie zuvor Berufserfahrung sammeln müssen – vor allem, weil sie diese Talente nicht an andere MBA-Programme verlieren möchten, wenn sie drei Jahre warten müssten.

Bei den führenden Strategieberatungen (McKinsey, BCG, Bain) wird implizit erwartet, dass junge Berater nach zwei Jahren im Job für einen Vollzeit-MBA pausieren, der in der Regel vom Unternehmen finanziert wird. Viele Investmentbanker absolvieren nach den ersten Berufsjahren ebenfalls einen MBA, allerdings ist dies dort weniger verbreitet als in der Strategieberatung. Beschäftigte im Investmentbanking informieren ihren Vorgesetzten meist erst nach Erhalt des Jahresbonus darüber, dass sie sich an einer Business School bewerben (aus naheliegenden Gründen).

Ein Paradoxon des MBA ist, dass seine verschiedenen Formate sowohl konjunkturabhängig als auch konjunkturunabhängig sein können. In Rezessionsphasen, wenn viele junge Berufstätige ihren Job verlieren, steigt die Zahl der Bewerbungen für Vollzeit-MBA-Programme sprunghaft an. In Wachstumsphasen hingegen bleiben Führungskräfte eher in ihrem Job, sodass Teilzeit-MBA- und EMBA-Programme profitieren. Lassen Sie sich jedoch nicht von Konjunkturzyklen abschrecken, denn die Bewerberzahlen und der Grad der Konkurrenz schwanken von Jahr zu Jahr nur um wenige Prozentpunkte. Stimmen Sie Ihre Bewerbung daher auf Ihren eigenen Lebens- und Karrierezyklus ab.

Business Schools mit klaren MBA-Bewerbungszyklen und festen Fristen sind in der Regel die wettbewerbsfähigsten und renommiertesten. Am anderen Ende des Spektrums gibt es Hochschulen/Programme mit permanentem „Rolling Admission", was darauf hindeutet, dass sie jeden aufnehmen, der die Studiengebühren zahlen kann. In diesem Fall sollten Sie an das Groucho-Marx-Motto denken: „Ich möchte keinem Club angehören, der bereit ist, mich als Mitglied aufzunehmen." Ihre Zulassung zu einem MBA sollte idealerweise die Belohnung für ein ambitioniertes Ziel nach einer langen und intensiven Anstrengung sein – und nicht so einfach wie ein „Spaziergang im Park".

4. Planen Sie Ihre Referenzen
MBA-Programme verlangen in der Regel zwei Referenzen, die beide beruflicher Natur sein sollten (also auf Ihrer Arbeit basieren). Bei der Auswahl der für Sie besten Fürsprecher sollten Sie die Hierarchieebene in der Organisation gegen die Nähe zu Ihnen abwägen. Oft wird der CEO ausgewählt, doch wenn dieser nicht viel über Sie sagen kann (weder positiv noch negativ), wird dies von der Zulassungskommission als mangelnde soziale Kompetenz und fehlende Selbstreflexion Ihrerseits gewertet.

Wenn Sie einen hochrangigen Manager als Referenz „aufbauen" möchten, zu dem Sie aber bislang keinen engen Kontakt haben, könnten Sie ihn bereits ein Jahr zuvor bitten, Ihr Mentor zu werden. So entsteht eine engere Verbindung, Sie erhalten wertvolle Einblicke und geben der Person gleichzeitig die Möglichkeit, Sie besser kennenzulernen.

Eine häufig gestellte Frage ist: Wie stark dürfen Sie den Referenzgeber bei der Erstellung des Empfehlungsschreibens beeinflussen? Sie können ihn an Ihre wichtigsten Punkte und Erfolge erinnern, sollten ihn aber nicht drängen oder erwarten, dass er einen von Ihnen vorformulierten Text unterzeichnet. Dies kann in mehrfacher Hinsicht nach hinten losgehen: von dem Eindruck einer selbstverfassten Referenz bis hin zur Offenlegung Ihrer Manipulationsversuche gegenüber der Business School durch den Referenzgeber.

5. Absolvieren Sie den GMAT/GRE

Die führenden Vollzeit-MBA-Programme weltweit verlangen einen der standardisierten Zulassungstests: GMAT oder GRE. Der GMAT wurde traditionell speziell für MBA-Programme entwickelt, während der GRE ursprünglich für ein breiteres Spektrum an weiterführenden Studiengängen konzipiert war. Mittlerweile überschneiden sich die beiden Tests jedoch zunehmend an Business Schools, und die meisten Institutionen akzeptieren heute beide. Der GMAT besteht aus vier Abschnitten (Quantitative Reasoning, Verbal Reasoning, Integrated Reasoning und Analytical Writing Assessment), dauert 3 Stunden und 7 Minuten und kostet 275 USD im Testzentrum bzw. 250 USD online.[9] Der GRE umfasst drei Abschnitte (Quantitative Reasoning, Verbal Reasoning, Analytical Writing), dauert 3 Stunden und 45 Minuten und kostet 205 USD (im Testzentrum oder online).[10]

Die Organisation, die den GMAT durchführt, bietet seit 2016 eine leichtere Version des Tests an, das sogenannte Executive Assessment (EA),[11] das vor allem für die Zulassung zu EMBA-Programmen genutzt wird. Das EA besteht aus drei Abschnitten: Integrated Reasoning, Verbal Reasoning und Quantitative Reasoning; es dauert insgesamt nur 90 Minuten und kostet 350 USD (im Testzentrum oder online). Eine weitere kürzere Version des GMAT, die GMAT Focus Edition, wird Ende 2023 eingeführt und parallel zur bisherigen GMAT-Version angeboten. Die GMAT Focus Edition dauert insgesamt 135 Minuten, gleichmäßig auf drei Abschnitte verteilt: Quantitative Reasoning, Verbal Reasoning und Data Insights.[12]

Wenn Ihr Programm keinen standardisierten Test verlangt, wird der Bewerbungsprozess für Sie einfacher. Allerdings gilt das dann auch für alle anderen. Ein MBA mit niedrigen Zulassungshürden ist per Definition eine weniger hochwertige Erfahrung. Streben Sie daher an, in den anspruchsvollsten „Club" aufgenommen zu werden, der Sie akzeptiert.

---

[9] MBA.com (o. D.-b).
[10] ETS.org (o. D.).
[11] MBA.com (o. D.-a).
[12] MBA.com (o. D.-c).

Typischerweise verlangen EMBAs für Führungskräfte keinen standardisierten Test. Seien Sie jedoch unbesorgt: Programme für Senior Executives sind keineswegs von geringerer Qualität, da bereits zwei wesentliche Hürden bestehen: die Anforderung einer leitenden Position und die hohe EMBA-Studiengebühr (als Indikator für beruflichen Erfolg).

In Kap. 4 haben wir die verschiedenen GMAT-Grenzwerte und Perzentile besprochen. Sie sollten mindestens drei Monate für die GMAT-Vorbereitung einplanen, um Ihr volles Potenzial auszuschöpfen, und täglich (idealerweise 1–2 h) online oder auf Papier Übungstests absolvieren. Es ist hilfreich, frühzeitig Ihre Stärken und Schwächen zu identifizieren; ob Sie den Mathematik- oder den Sprachabschnitt als herausfordernder empfinden, hängt meist von Ihrer Schul- oder Hochschulausbildung ab.

Auch wenn dies im Leben kein guter Ratschlag ist, ist es für den GMAT der beste: Konzentrieren Sie sich auf Ihre Schwächen. Üben Sie immer wieder genau die Aufgabentypen, bei denen Sie Fehler machen, bis Sie jede Frage auf Ihrem angestrebten Schwierigkeitsniveau korrekt beantworten können (denken Sie daran: Der Test ist adaptiv – je mehr schwierige Fragen Sie richtig beantworten, desto mehr Aufgaben auf diesem und höherem Niveau erhalten Sie). So gewöhnen Sie sich an ein höheres Schwierigkeitsniveau, was im adaptiven Algorithmus des Tests während der echten Prüfung Ihre Obergrenze nach oben verschiebt.

Wenn Sie ein Konto auf der MBA.com-Website (der offiziellen Seite des GMAT) anlegen, erhalten Sie Zugang zu verschiedenen Vorbereitungsmaterialien sowie die Möglichkeit, zwei offizielle GMAT-Testprüfungen kostenlos zu absolvieren. Für 108 USD können Sie bis zu vier weitere offizielle GMAT-Tests ablegen. Seit der Covid-19-Pandemie kann der offizielle GMAT auch online absolviert werden (oder wie bisher in einem von 650 Testzentren weltweit). Es gibt zudem eine kostenlose, herunterladbare Smartphone-App „GMAT Official Practice", mit der Sie unterwegs Übungsaufgaben bearbeiten können.

Wenn Sie im GMAT ein gutes Ergebnis erzielen (650 von maximal 800 Punkten bringt Sie unter die besten 30 % der Teilnehmenden),[13]

---

[13] MBA.com (o. D.-d).

sind Sie für die meisten Business Schools ein attraktiver Bewerber. Ein Ergebnis über 700 Punkten (Top 13 %) gibt Ihnen eine gute Verhandlungsbasis für ein Stipendium oder einen Nachlass auf die Studiengebühren. Da Sie Ihr GMAT-Ergebnis kostenlos an bis zu fünf Schulen senden können, sollten Sie Ihre Chancen zwischen Traum-, realistischen und sicheren Schulen streuen.

Unabhängig vom GMAT/GRE verlangen viele MBA-Programme, die auf Englisch unterrichten, von Nicht-Muttersprachlern einen Sprachtest. Die wichtigsten Prüfungen sind TOEFL (USA) und IELTS (UK). Wenn Sie jedoch bereits einen Abschluss in englischer Sprache erworben haben, akzeptieren Business Schools dies als Nachweis Ihrer Sprachkenntnisse und verzichten auf den Sprachtest. Der Sprachtest selbst ist kein entscheidendes Auswahlkriterium, sondern lediglich eine formale Hürde – Sie müssen lediglich die Mindestanforderung erfüllen, z. B. 90–100 Punkte (von 120) im TOEFL oder 6,5–7,0 Punkte (von 9,0) im IELTS.

6. Optimieren Sie Ihren Lebenslauf
Ihr Curriculum Vitae (CV), in den USA auch als Resume bezeichnet, ist Ihre Lebensgeschichte auf einen Blick. Er sollte niemals länger als zwei Seiten sein (US-Business Schools bevorzugen sogar eine Seite, insbesondere bei jüngeren Bewerbenden). Seien Sie strategisch bei der Auswahl der Inhalte und präsentieren Sie Ihren Werdegang aus der Perspektive einer selbstbestimmten, eigenverantwortlichen und wirkungsvollen Führungskraft – nicht als jemand, der lediglich Anweisungen ausgeführt hat. Jüngere Bewerber sprechen in ihren Lebensläufen oft über Aufgaben und Verantwortlichkeiten, während erfahrene Führungskräfte ihren Einfluss anhand von Kennzahlen (z. B. erzielte Investitionen, generierter Umsatz), der Entwicklung von Strategien und der Führung von Teams messen. Es schadet nicht, alles, was Sie erreicht haben, zu quantifizieren – bleiben Sie dabei aber realistisch: Von einer 24-jährigen Person im Vertrieb wird nicht erwartet, dass sie den gesamten Unternehmensumsatz in Millionenhöhe generiert.

Was das Format betrifft, ist die Europass-Vorlage meist keine ideale Option, da sie Platz verschwendet und zu einem 3–4-seitigen Lebenslauf führen kann. Verwenden Sie stattdessen eine US-typische Resume-

Vorlage, die besonders übersichtlich ist, z. B. eine, bei der Unternehmen und Position links in zwei Zeilen stehen und die Beschäftigungsjahre sowie der Ort (Stadt, Land) symmetrisch rechts angeordnet sind (beispielsweise die von Harvard empfohlene, herunterladbare Vorlage).[14] Die Inhalte Ihrer jeweiligen Position sollten in 3–5 Stichpunkten darunter aufgeführt werden. Dieses Format bietet dem Interviewer die beste Übersicht, da es eine Zeitleiste (mit Daten und Orten) auf der rechten Seite der Seite erzeugt. Sobald Ihr Lebenslauf das richtige Format hat, lassen Sie ihn von einer befreundeten Person (idealerweise aus dem HR-Bereich) objektiv prüfen. Denken Sie daran, am Ende immer auch einige persönliche Interessen aufzulisten, um Ihrem Lebenslauf mehr Persönlichkeit zu verleihen und sich besser einzuprägen. Sie können alle Inhalte aus „Leadership & Activities" in einen umfassenderen Abschnitt „Weitere Informationen, Fähigkeiten & Interessen" am Ende zusammenführen. Achten Sie in diesem Teil darauf, dass Ihre Angaben nicht generisch und austauschbar sind (z. B. „Ich lese und laufe gerne"), sondern konkret, detailliert und Ihre Motivation zeigen (z. B. „Organisator des Galaxy Science-Fiction-Leseklubs"; „Teilnahme am Boston-Marathon 2023"; „150 Läufe mit ParkRun London 2021–2023 absolviert").

7. Verfassen Sie die Bewerbungsessays

Fünf ist die Anzahl der Schulen, die Sie kostenlos für den Erhalt Ihres GMAT-Ergebnisses nominieren können – und auch eine realistische Anzahl an Essays, die Sie in einer Bewerbungsrunde bewältigen können.

Typischerweise verlangt eine Business School 2–3 Bewerbungsessays. Die Fragen oder Teile davon wiederholen sich häufig: „Warum ein MBA? Warum hier? Wo sehen Sie sich in 5 Jahren? Gab es eine Situation, in der Sie andere geführt haben? Wie messen Sie Ihren Einfluss? Haben Sie Hindernisse oder Rückschläge überwunden? Wie wichtig ist Ihnen Vielfalt?"

Sie können Teile Ihrer Essays für mehrere Bewerbungen wiederverwenden, sollten aber unbedingt eine Stichwortsuche durchführen,

---

[14] Harvard (o. D.).

damit Sie nicht versehentlich Harvard mitteilen, wie begeistert Sie sind, sich bei Stanford zu bewerben.

Zulassungsbeauftragte schätzen eine klare und stringente Geschichte. Streichen Sie daher unnötige Details und vereinfachen Sie Ihre Erzählung – so wie Blumenläden die Blätter einer Blume zurechtschneiden, bevor sie sie verkaufen. Wenn Sie nach dem MBA als Strategieberater arbeiten möchten, erzählen Sie eine klare, lineare Geschichte darüber, was Sie bereits auf dem Weg zur Strategieberatung erreicht haben und wohin Sie der MBA bringen soll. Kommunikationsprofis empfehlen das STAR-Format (Situation, Task, Action, Result)[15] für die Darstellung vergangener Erfahrungen: Skizzieren Sie das Grundgerüst der Geschichte in vier Sätzen, die Sie bei Bedarf weiter ausführen können. Für die MBA-Bewerbung empfehlen wir jedoch eine Modifikation: das SOAR-Format (Situation, Obstacle, Action, Result). Unser SOAR-Format lenkt Sie dazu, Geschichten auszuwählen, die Ihre Erfolge trotz aller Widrigkeiten hervorheben.

Idealerweise sollten alle Ihre Essays berufliche Situationen beschreiben oder einen klaren Bezug zu Ihrer Karriere aufweisen. Sie möchten zeigen, dass Sie eine zielstrebige Fachkraft sind – kein Entertainer mit einer Sammlung unterhaltsamer Anekdoten. Und wie beim Lebenslauf gilt: Geben Sie Ihre Essays einem Freund zum Gegenlesen und nehmen Sie dessen Feedback ernst.

8. Das Vorstellungsgespräch meistern
Früher fanden MBA-Auswahlgespräche persönlich statt, entweder durch einen Zulassungsbeauftragten, der weltweit unterwegs war, oder durch ein lokales Alumni-Mitglied des MBA-Programms; Bewerberinnen und Bewerber mussten für das Gespräch oft an den Hauptcampus oder in eine größere Stadt reisen. Seit der Covid-19-Pandemie werden viele dieser Gespräche jedoch online durchgeführt. Dennoch gilt: Wenn Sie die Business School an einem Tag der offenen Tür besuchen, ist das Erlebnis eines persönlichen Gesprächs durch nichts zu ersetzen.

---

[15] Carnegie Mellon University (o. D.).

Bei allen Top-MBAs wird jede Person, die letztlich zugelassen wird, zuvor interviewt (das bedeutet jedoch nicht, dass alle Bewerberinnen und Bewerber zu einem Gespräch eingeladen werden). Wenn Sie eine Einladung zum Interview erhalten, ist das auf jeden Fall ein gutes Zeichen und deutet darauf hin, dass Sie auf dem richtigen Weg zur Zulassung sind.

Auf die Frage, ob Sie mit dem Zulassungsbeauftragten besprechen sollten, wo Sie sich sonst noch bewerben, gibt es keine eindeutige Antwort. Möglicherweise gelingt es Ihnen, überzeugend darzulegen, dass Sie ein gefragter Kandidat sind; Sie könnten aber auch unbeabsichtigt signalisieren, dass Sie sich nicht voll und ganz mit der jeweiligen Institution identifizieren. Im Zweifelsfall sprechen Sie dieses Thema nicht von sich aus an, sondern nur, wenn Sie direkt gefragt werden. Verschiedene Schulen gegeneinander auszuspielen, um bessere Konditionen wie ein Stipendium oder einen Rabatt zu erhalten, ist erst dann eine Option, wenn Sie mindestens zwei Zulassungsangebote in der Hand haben.

Wie in jedem Vorstellungsgespräch sollten Sie dem Gesprächspartner höflich und respektvoll begegnen und versuchen, Gemeinsamkeiten zwischen Ihrem Hintergrund und dem des Interviewers zu finden. Wenn Sie bereits eine mittlere Führungsposition in einem Unternehmen innehaben, sind Sie in Ihrer Karriere vermutlich erfolgreicher (und einflussreicher) als der Zulassungsbeauftragte – dennoch ist es wichtig, auch ihm oder ihr mit Wertschätzung zu begegnen. Vielleicht verdienen Sie mehr, aber letztlich entscheidet die Person gegenüber über Ihre Zulassung – ein wenig Demut kann also nicht schaden.

Das Interview bietet Ihnen auch die Gelegenheit, kluge Fragen zu stellen, die nicht nur Ihre gründliche Recherche über die Institution belegen, sondern Ihnen auch bei der endgültigen Entscheidung helfen können (falls Sie mehrere Angebote erhalten). Die Besonderheiten der Business School herauszuarbeiten, ist ein zentrales Thema, das Sie mit einem Insider besprechen sollten. Sie können das Gespräch auch mit kreativen Fragen bereichern, die möglicherweise noch nie gestellt wurden, zum Beispiel: (1) Kann ich Einblick in den AMBA/AACSB/EQUIS-Akkreditierungsbericht der Schule erhalten? (Die Antwort wird „Nein" lauten, aber ein Versuch ist es wert.) (2) Welches ist die bekannteste oder einflussreichste Forschungsarbeit, die je von einer Professorin oder einem Professor der Schule veröffentlicht wurde? (3) Gibt es einen berühmten Business-Ethics- oder Nachhaltigkeitsfall, der im Curriculum behandelt wird? (4) Werden in den MBA-Kursen mehr Erfolgsgeschichten als Misserfolge analysiert?

Wenn der Interviewer Ihre Frage nicht beantworten kann, haben Sie dennoch einen positiven Eindruck hinterlassen. Wahrscheinlich wird er oder sie sich verpflichten, die Antwort nachzureichen und Ihnen per E-Mail zu schicken – das schafft einen weiteren Kontaktpunkt und erhöht Ihre Chancen ein wenig. In jedem Fall sollten Sie nicht vergessen, sich am Tag nach dem Gespräch per E-Mail zu bedanken und dabei ein oder zwei besonders einprägsame Gesprächspunkte noch einmal aufzugreifen.

Zusammenfassung

Die achtstufige Vorgehensweise wird einen Großteil Ihrer freien Zeit während des MBA-Bewerbungsprozesses in Anspruch nehmen. Sollten Sie beim ersten Versuch keinen Erfolg haben, können Sie sich im Folgejahr erneut bewerben und die Monate dazwischen nutzen, um Ihren GMAT-Score zu verbessern, eine Beförderung im Job anzustreben, einen Online-Kurs zu absolvieren, der eine Lücke in Ihrem akademischen Profil schließt, und mit weiteren Alumni ins Gespräch zu kommen. Alumni geben dem Zulassungsteam häufig Rückmeldungen zu potenziellen Kandidaten – nutzen Sie dies als indirekten Weg, um Ihren Namen öfter ins Gespräch zu bringen. Sollten Sie auch beim zweiten Versuch nicht erfolgreich sein, sollten Sie in Erwägung ziehen, Ihre Zielschulen zu wechseln. Entscheidend ist, dass Sie sich nie auf eine einzige Institution versteifen: Bewerben Sie sich bei einem Portfolio von fünf Schulen unterschiedlicher Ausrichtung, um Ihre Chancen zu streuen und Ihre Erfolgsaussichten zu erhöhen.

Literatur

Carnegie Mellon University. (n. d.). *How to tell a STAR story?* https://www.cmu.edu/tepper/alumni/assets/docs/star-story.pdf. Zugegriffen: 17. Apr. 2023.

De Novellis, M. (2021, March 11). Top 10 most affordable MBA programs in the UK. *BusinessBecause*. https://www.businessbecause.com/news/mba-rankings/4760/top-10-most-affordable-mba-programs-uk. Zugegriffen: 17. Apr. 2023.

ETS.org. (n. d.). GRE. https://www.ets.org/gre.html. Zugegriffen: 19. Apr. 2023.

Harvard. (n. d.). *Harvard College bullet point resume template*. https://careerservices.fas.harvard.edu/resources/bullet-point-resume-template/. Zugegriffen: 16. Apr. 2023.

LSE. (n. d.). *MBA essentials*. https://www.lse.ac.uk/study-at-lse/online-learning/courses/mba-essentials. Zugegriffen: 15. Apr. 2023.

MBA.com. (n. d.-a). Executive assessment. *MBA*. https://www.mba.com/exams/executive-assessment. Zugegriffen: 19. Apr. 2023.

MBA.com. (n. d.-b). GMAT. *MBA*. https://www.mba.com/exams/gmat-exam. Zugegriffen: 19. Apr. 2023.

MBA.com. (n. d.-c). GMAT focus edition. *MBA*. https://www.mba.com/exams/gmat-focus-edition/. Zugegriffen: 19. Apr. 2023.

MBA.com. (n. d.-d). GMAT: Understanding your score. *MBA*. https://www.mba.com/exams/gmat-exam/scores/understanding-your-score. Zugegriffen: 15. Apr. 2023.

Nugent, T. (2021, July 20). MIT sloan is world's most expensive MBA program in 2021. *BusinessBecause* https://www.businessbecause.com/news/mba-cost/6994/mit-sloan-most-expensive-mba-program. Zugegriffen: 17. Apr. 2023.

O'Carroll, L., & Adams, R. (2023, January 27). Number of EU students enrolling in UK universities halves post-Brexit. *The Guardian*. https://www.theguardian.com/education/2023/jan/27/number-eu-students-enrolling-uk-universities-down-half-since-brexit. Zugegriffen: 15. Apr. 2023.

The Financial Times. (2012a, January 30). Global MBA rankings 2012. *The Financial Times*. https://rankings.ft.com/rankings/1071/global-mba-rankings-2012. Zugegriffen: 19. Apr. 2023.

The Financial Times. (2012b, October 14). EMBA ranking 2012. *The Financial Times.* https://rankings.ft.com/rankings/1291/emba-ranking-2012. Zugegriffen: 15. Apr. 2023.

The Financial Times. (2022, October 16). EMBA 2022 Business School rankings. *The Financial Times.* https://rankings.ft.com/rankings/2876/emba-2022. Zugegriffen: 19. Apr. 2023.

The Financial Times. (2023, February 12). MBA 2023 Business School rankings. *The Financial Times.* https://rankings.ft.com/rankings/2909/mba-2023. Zugegriffen: 19. Apr. 2023.

Teil II

Das Beste aus Ihrem MBA-Studium machen

6

Wie Sie den größten akademischen Nutzen aus Ihrer Business School und Ihrem MBA-Programm ziehen

Der MBA als Düsentriebwerk

Auf konzeptioneller Ebene gleicht der MBA einem Düsentriebwerk, das Treibstoff und Sauerstoff nutzt, um Sie voranzutreiben. Alles Akademische ist der Treibstoff (Kurse, Projekte, Fallstudien). Alles Nicht-Akademische und Außercurriculare ist der Sauerstoff (Networking, Karriereunterstützung, Bewerbungsgespräche). Und wie bei einem Düsentriebwerk müssen beide Komponenten in geordneter Weise vermischt und gezündet werden, damit Schub entsteht.

Auf einer praktischeren Ebene werden Sie zu Beginn Ihres MBA feststellen, dass es einen akademischen Direktor des Programms gibt (den Kapitän des Flugs) und einen operativen Direktor/Manager (den Flugingenieur). Das Kräfte- und Aufgabenverhältnis zwischen beiden kann an verschiedenen Institutionen unterschiedlich sein, aber für Sie ist es wichtig, die jeweiligen Rollen zu unterscheiden. Akademische Fragen, die das Design des MBA, die Kursinhalte, Prüfungsrichtlinien usw. betreffen, sollten daher an den akademischen Direktor gerichtet werden; während nicht-akademische Anliegen auf operativer Ebene zu klären sind.

Einführung in acht akademische Bereiche

Im akademischen Bereich haben wir acht (Glückszahl!) wichtige Themen identifiziert, die Sie verstehen sollten, um Ihre Zeit an der Business School optimal zu nutzen.

1. Das Gleichgewicht zwischen Theorie und Praxis verstehen
Wie Yogi Berra sagte: „In der Theorie gibt es keinen Unterschied zwischen Theorie und Praxis. In der Praxis schon." Praxis ist entscheidend, aber Sie würden keine akademische Einrichtung besuchen, wenn Theorie keine Rolle spielen würde. Die besten Wissenschaftler halten nicht nur Vorträge über Theorien oder arbeiten sich durch Fallstudien; sie nutzen Theorie als Hebel, um Ihr Lernen zu fördern und Sie zu einem Aha-Erlebnis zu führen. Am anderen Ende des Spektrums erzählen die besten Praktiker nicht nur „Kriegsgeschichten" (wie Unternehmensgeschichten scherzhaft genannt werden); sie verwenden ebenfalls theoretische Rahmen, um die Komplexität der realen Welt zu erfassen.

Auf dem Spektrum von „Schnelles Denken, langsames Denken" (Daniel Kahnemans berühmtes Buch) sind Praktiker die schnellen Denker (sie wenden Dinge sofort in der Praxis an), während Forscher die langsamen Denker sind (sie entwickeln Rahmenwerke und versuchen, die Welt zu erklären). Die Association of MBAs (AMBA) verlangt, dass mindestens 50 % der MBA-Lehrenden an einer Institution akademisch qualifizierte Promovierte sind (Dozenten, außerordentliche und ordentliche Professoren). Dennoch bleibt bis zu 50 % Raum für Praktiker, die oft keinen prestigeträchtigen Titel tragen – wenngleich an manchen Institutionen der Status der Lehrpraktiker mit dem Titel „Professor of Practice" formalisiert wird.

Die meisten führenden Business Schools setzen auf „Action Learning": Sie geben MBA-Studierenden reale Praxisprobleme zur Lösung. Dies sind Projekte in Unternehmen, eingebettet in ein Management-Praktikum oder einen Beratungs-Kurs, bei dem MBA-Gruppen als Team arbeiten. Auch wenn viele Praktiker in unterstützenden Rollen an diesen Projekten beteiligt sind (z. B. die Führungskräfte des Unternehmens, in dem das MBA-Team die Beratungsaufgabe übernimmt), braucht es einen Wissenschaftler, um die verschiedenen Stränge und Dimensionen des Problems zu einem stimmigen Ganzen zu verbinden – so wie ein Dirigent eines Orchesters die verschiedenen Instrumente und ihre Spieler in Einklang bringt.

Um Ihnen einen weiteren metaphorischen Rahmen zu geben: Wenn Theorie der Boden ist, ist Praxis der Himmel. Sie erinnern sich vielleicht aus dem Biologieunterricht, dass der Flug im Tierreich unabhängig voneinander viermal entstanden ist (bei Dinosauriern, Insekten, Fledermäusen und Vögeln). Analog dazu gibt es vier Typen von Praktikern, die Business Schools auf den Campus holen:

- Unternehmens-CEOs, die im Rahmen von „Distinguished Speaker Series" Vorträge halten (das sind die Dinosaurier der Tierwelt: die größten Wesen, die je an Land gegangen sind).
- Gastredner innerhalb eines Kurses (das sind die Schmetterlinge). Einige Schulen wie die School of Management der Zhejiang-Universität in Hangzhou, China, verlangen, dass jeder Kurs mindestens vier Gastredner beinhaltet (die sich möglicherweise nur an einem Teil einer Unterrichtseinheit beteiligen).
- Betreuer von Beratungsprojekten (das sind die Fledermäuse, die nachts nebenberuflich tätig sind und tagsüber im Geschäftsleben arbeiten).
- Professors of Practice (das sind die Vögel: die hauptberuflichen Flieger, „an den Himmel gekettet", wie Bob Dylan sagen würde).

2. Die Fallstudienmethode meistern
Business Schools sind bekannt dafür, Fallstudien über reale Unternehmen als zentrales Lehrmittel einzusetzen. Tatsächlich wurde die Fallstudienmethode erstmals Ende des 19. Jahrhunderts an der Harvard Law School angewandt[1], doch Business Schools übernahmen sie in großem Umfang, um die Kluft zwischen Wissenschaft und Wirtschaft zu überbrücken.

---

[1] Banks (2017).

Einige führende Schulen verfügen über umfangreiche Fallstudienbibliotheken, die von ihren eigenen Dozierenden entwickelt wurden: Harvard Business School (USA), Ivey Business School (Kanada), Cranfield School of Management (Großbritannien); School of Economics and Management der Dalian University of Technology (für Fallstudien auf Chinesisch/über chinesische Unternehmen); sowie die Nagoya University of Commerce and Business (für Fallstudien auf Japanisch).

Die Fallstudienmethode existiert, um eine Wachstumsmentalität zu fördern: Studierende erweitern ihre Fähigkeiten, indem sie Herausforderungen meistern und Lösungen finden, wodurch ihr Lernprozess durch die eigene Erfahrung bei der Bearbeitung des Falls geprägt wird. (Im Gegensatz dazu verstärkt das Vorgeben von Lösungen eine statische Denkweise, d. h. kein Wachstum.) In den letzten Jahren wurde jedoch selbst die Fallstudien-Diskussion im sokratischen Stil kritisiert, da sie die Komplexität der Welt auf ein Handbuch reduziere – eine „geführte Tour" durch den Dschungel der Wirtschaft, bei der die Studierenden alle notwendigen Informationen vorgekaut erhalten.

Befürworter der Fallstudienmethode heben folgende Vorteile hervor:

- Fallstudien behandeln reale Unternehmen, und alles, was in einer Fallstudie geschieht, stammt aus der Wirtschaft oder der realen Welt.
- Zentrale theoretische Konzepte und Modelle sind in die Fallstudie eingebettet, sodass die Studierenden nicht nur eine „Anekdote" und ein anschauliches Beispiel mitnehmen, sondern auch konzeptionelles Wissen erwerben.
- Die Diskussionen zwingen die Studierenden, Entscheidungen zu treffen und diese vor der Klasse zu verteidigen, wodurch Kommunikations- und Führungskompetenzen gestärkt werden.
- Die Debatten im Unterricht sind lebendige, interaktive Diskussionen, die sogar unterhaltsam sein können – das fesselt die Aufmerksamkeit der Studierenden und fördert ihre Konzentration.
- Die Energie im Klassenraum ist spürbar, wie alle bestätigen, die an einer Fallstudien-Diskussion teilgenommen oder sie beobachtet haben. Sowohl Studenten als auch Professoren werden von dieser Energie mitgerissen.

Kritiker führen jedoch einige Gegenargumente an:

- Harvard Business Publishing ist der weltweit größte Herausgeber von Fallstudien im Bereich Wirtschaft, wobei die Unternehmen und Fälle überwiegend US-zentriert sind.
- Die 15–20-seitigen „vorgefertigten" Fälle liefern alle notwendigen Informationen: Es ist nicht einmal vorgesehen/erlaubt, das Unternehmen online zu recherchieren, um zu vermeiden, dass man die Lösungen zum Fall findet.
- Es gibt eine Reihe von festen Lösungen in einem „vorgefertigten" Fall, die in den Lehrmaterialien zusammengefasst sind, die der Dozent zur Verfügung hat (die Lösungen der Fallstudien sind manchmal länger als die Fallstudien selbst). In diesem Sinne gleicht eine Fallstudien-Diskussion der Ankunft an einem internationalen Flughafen: Egal wie lang und verschlungen die Gänge sind, man gelangt immer zur Passkontrolle und zur Gepäckausgabe – genauso lenkt die Fallstudie die Teilnehmenden zu vorgegebenen Antworten. Besonders die Columbia Business School ist als lautstarke Kritikerin der Harvard-typischen „vorgefertigten" Fallstudien bekannt.[2]
- Fallstudien sind kein geeignetes Format, um zentrale technische Kompetenzen wie Datenanalyse zu entwickeln.
- Einige alte, als Klassiker geltende Fälle (z. B. aus den 1960er Jahren) werden an modernen Business Schools immer noch häufig unterrichtet, wirken aber im Zeitalter von Netflix und Apple veraltet (sogenannte „Zombie-Fälle").

Einige Hochschulen ermutigen ihre Professoren, die Fallstudienmethode im Unterricht einzusetzen, indem sie Mindestanforderungen an den Fallstudienanteil einführen. In China geschieht dies in Form einer

---

[2] Gloeckler (2008).

2×2-Fallmatrix, bei der in einigen Kursen mindestens je ein Fall aus jeder der folgenden vier Kategorien behandelt werden muss:

- Lokales Unternehmen, das im eigenen Land tätig ist
- Lokales Unternehmen, das im Ausland tätig ist
- Ausländisches Unternehmen, das im eigenen Land tätig ist
- Ausländisches Unternehmen, das im Ausland tätig ist

Militärakademien hingegen unterteilen die von ihnen behandelten Fallstudien nach einem anderen Kriterium: Erfolg versus Misserfolg; und sie entscheiden sich bewusst dafür, deutlich mehr Misserfolgsfälle als Erfolgsgeschichten zu lehren. Die Begründung: Aus Misserfolgen lassen sich leichter die richtigen Lehren ziehen, da die Zahl der beitragenden Faktoren begrenzt ist. Business Schools hingegen lehren überwiegend Erfolgsgeschichten, was sich als kontraproduktiv erweist, da die Faktoren für Erfolg weitaus zahlreicher sind und das Lernen daraus erschwert wird.

Es gibt drei Alternativen zu den „vorgefertigten" Fallstudien, deren Verbreitung in den letzten Jahren zugenommen hat:

- „Rohe" Fälle: Hier erhalten die Studierenden 100–200 Seiten mit unterschiedlichen Dokumenten zum Unternehmen und müssen selbst entscheiden, was relevant ist und was nicht. Selbst die Fähigkeit, unter Zeitdruck gezielt auszuwählen, welche Dokumente gelesen werden, fördert wertvolle Kompetenzen.
- Live-Fälle: Die Studierenden arbeiten in Echtzeit an einem realen Unternehmen, diskutieren mit Führungskräften die tatsächlichen Herausforderungen der Organisation, manchmal sogar vor Ort. Live-Fälle lehren, mit Komplexität in unterschiedlichen Szenarien umzugehen, nicht nur in einer bestimmten Situation. (Dies erinnert an das chinesische Sprichwort 授人以鱼不如授人以渔: „Gib einem Menschen einen Fisch, und du ernährst ihn für einen Tag; lehre ihn zu fischen, und du ernährst ihn ein Leben lang.")
- Mini-Fälle, in denen die Herausforderungen eines Unternehmens auf ein oder zwei Seiten dargestellt werden, oft in Form eines veröffentlichten Zeitungsartikels. Mini-Fälle werden besonders in EMBA-

Programmen eingesetzt, da das Executive-Summary-Format für vielbeschäftigte Führungskräfte geeignet ist. Ein Mini-Fall lässt sich mit einer Taschenkarte oder einer Karte auf dem Smartphone vergleichen: leicht zugänglich und alle Informationen auf einen Blick. (Eine vollständige Fallstudie hingegen gleicht einer ausgerollten, drei Meter langen Papierkarte: mit deutlich mehr Details, aber geringerer Benutzerfreundlichkeit.)

Ein letzter Tipp zur Aktualität der im Unterricht verwendeten Fallstudien: Wenn Sie feststellen, dass in Ihrem MBA-Programm veraltete Fälle („Zombie-Fälle", wie oben erwähnt) behandelt werden, sollten Sie dies Ihrem Dozenten mitteilen und auch im Evaluationsbogen am Kursende vermerken. Die Schönheit der fraktalen Welt, in der wir leben, liegt darin, dass sich Muster wiederholen – die meisten wirtschaftlichen Phänomene, die es zu Zeiten von Standard Oil im frühen 20. Jahrhundert gab, lassen sich heute anhand von Fällen zu Amazon und Google im 21. Jahrhundert darstellen. Lehrende vergessen manchmal, dass es wenig bringt, „jungen Hunden alte Tricks" beizubringen – besser ist es, „jungen Hunden neue Tricks" zu lehren.

Unabhängig vom Format und Inhalt der Fallstudien steht außer Frage, dass die Diskussionen einen wertvollen pädagogischen Zweck erfüllen: Sie beleben den Unterricht und fördern so das Lernen. So wie Atomkerne in einem Teilchenbeschleuniger kollidieren, prallen MBA-Studierende in Fallstudien-Diskussionen aufeinander – in beiden Fällen wird Energie freigesetzt.

3. Entwicklung von Hard Skills und Soft Skills
Ein MBA-Programm ist wie ein Reißverschluss: Es verbindet die linke und die rechte Gehirnhälfte und integriert Soft Skills und Hard Skills zu einem umfassenden Bildungserlebnis. Hard Skills sind technische Fähigkeiten oder Fachwissen – die Kompetenzen, die für die Ausübung der eigentlichen Tätigkeit erforderlich sind, z. B. Data Mining, Marketing, Rechnungswesen – und werden in erster Linie durch Ausbildung und Training erworben. Soft Skills (auch als Human Skills oder People Skills bezeichnet) sind hingegen persönliche Gewohnheiten und Eigenschaften, die bestimmen, wie man mit anderen oder allein arbeitet.

Soft Skills werden im Laufe des Lebens entwickelt: Kritisches Denken, Problemlösung, Kreativität, Anpassungsfähigkeit, Selbstreflexion, Zeitmanagement, Teamarbeit, Führung, Kommunikation und Verhandlungsführung. Wie diese Liste zeigt, beziehen sich viele Soft Skills darauf, wie man sich selbst steuert – nicht nur auf den Umgang mit anderen.

Soft-Skill-Kurse bewirken Verhaltensänderungen – eine der schwer fassbaren und berüchtigt schwierig zu erreichenden Dinge, wenn man es allein versucht. Wahrscheinlich kennen Sie das aus eigener Erfahrung, wenn Sie versucht haben, Ihr Verhalten zu ändern, und gescheitert sind. Dennoch gibt es Techniken, die von führenden Forschern im Bereich Soft Skills über Jahrzehnte perfektioniert wurden und von Dozenten bei veränderungsbereiten Studenten angewendet werden.

Manche Studenten vernachlässigen wichtige Soft-Skill-Kurse (Ethical Leadership, Organizational Behavior, Human Resources Management, Effective Communication), weil sie als „leichtgewichtig" gelten – im Vergleich zu Finance und Marketing, die sich direkt im Beruf anwenden lassen. Doch die Weiterentwicklung Ihrer Soft Skills wird Sie während Ihrer gesamten Karriere unterstützen. Denken Sie an das MBA-Programm wie an ein Gebäude: Die Hard Skills sind die Ziegelsteine, die Soft Skills der Mörtel, der alles zusammenhält. Wie lange hält ein Gebäude aus Ziegeln ohne Mörtel Wind und Wetter stand?

Junge Menschen werden in ihrem ersten oder zweiten Job meist aufgrund ihrer Hard Skills eingestellt: Können Sie liefern, was von Ihnen erwartet wird? Am Anfang der Karriereleiter startet man immer als Einzelbeitragende oder Einzelbeitragender. Mit zunehmender Hierarchiestufe werden jedoch die Soft Skills immer wichtiger: Wie gehen Sie mit anderen um, wie führen Sie Teams? Im ersten Job zählen also vor allem die Hard Skills, während Soft Skills nur ein Hygienefaktor (eine Grundvoraussetzung) sind; später im Berufsleben kehrt sich das Verhältnis um: Hard Skills werden zum Hygienefaktor (dem Mindestmaß), während Soft Skills die Entwicklung, Beförderungen und letztlich die eigene Position im Unternehmen bestimmen.

All diese Beobachtungen lassen sich in eine einfache Erkenntnis zusammenfassen: Ihre Soft Skills lassen Ihre Hard Skills glänzen!

4. Das Beste aus Ihren Professoren herausholen

Bevor wir Ihnen erklären, wie Sie das Maximum aus Ihren Professoren herausholen können, gibt es zwei wichtige Dinge, die Sie über Akademiker im Allgemeinen wissen sollten. Beide mögen zunächst kontraintuitiv erscheinen:

Erstens zeigen unsere anekdotischen Belege und Beobachtungen, dass viele Professoren introvertiert sind. Introvertiert zu sein hilft dabei, eine drei bis fünfjährige Promotion abzuschließen (während viele Extrovertierte ihr Promotionsstudium abbrechen) und sich auf Forschung und das Verfassen von Fachartikeln zu konzentrieren. Das bedeutet jedoch nicht, dass solche Professoren schlechte Kommunikatoren sind: Es heißt lediglich, dass der Kontakt mit Menschen einem introvertierten Professor Energie entzieht (während Extrovertierte durch Kommunikation aufgeladen werden). Beim Unterrichten können introvertierte Professoren meist „den Schalter umlegen" und wie ein Extrovertierter auftreten, doch dies ist nicht ihr Normalzustand. Ein introvertierter Professor benötigt nach einer öffentlichen Veranstaltung Zeit, um seine Energie wieder aufzuladen – er zieht sich dann oft ins Büro zurück und braucht Zeit für sich. Haben Sie also Nachsicht mit ihnen.

Zweitens ist Forschung für die überwiegende Mehrheit der Professoren an allen führenden Business Schools (also an allen forschungsintensiven Institutionen) die absolute Priorität. Professoren erlangen Anerkennung und Prestige in ihrem Fachgebiet und innerhalb ihres internationalen Netzwerks durch die Forschung, die sie in spezialisierten, peer-reviewten Fachzeitschriften veröffentlichen. Lehre ist wichtig und fast alle müssen auch unterrichten (nur selten gibt es reine Forschungsprofessuren), aber Lehre ist nicht der Hauptantrieb für einen Spitzenprofessor. Die Qualität der Lehre ist lediglich ein Hygienefaktor – eine „ausreichende" studentische Bewertung eines Kurses reicht aus, damit der Professor das Lehrpensum abhaken und sich wieder auf die Forschung konzentrieren kann.

An weniger renommierten Hochschulen wird von Professoren nicht erwartet, dass sie so viel forschen (und an den untersten Rängen der Business Schools wird gar keine Forschung erwartet), sodass Lehre die primäre oder sogar einzige Tätigkeit der Professoren an lehrorientierten Institutionen bleibt. Das bedeutet jedoch nicht zwangsläufig, dass an solchen Hochschulen mehr Fokus auf die Studierenden gelegt wird, da ein einzelner Professor an einer rein lehrorientierten Institution oft ein Vielfaches an Unterrichtsstunden im Vergleich zu einer forschungsintensiven Hochschule leisten muss.

Früher galten Professoren als „Wissensquelle", aus der die Studierenden schöpfen mussten. Heute gibt es viele weitere Quellen (insbesondere online), sodass sich der Nutzen eines MBA-Professors für Studierende in neue Dimensionen verschoben hat, die die meisten Studierenden nicht erwarten oder vermuten würden. Wir haben drei Empfehlungen, wie Sie von einer Beziehung zu Ihren Professoren profitieren können:

Erstens: Identifizieren Sie potenzielle Mentoren unter Ihren Lieblingsprofessoren. Wenn Sie in einem Kurs gute Leistungen erbringen, wird der Professor außerhalb des Unterrichts mehr Zeit für Sie haben. Sie können die Beziehung aufbauen, indem Sie mit dem Professor über seine Dissertation und aktuelle Forschung sprechen. Sie können aufrichtig fragen: „Wie kann ich von Ihrer Arbeit lernen und sie in meiner zukünftigen Karriere anwenden?" So erhalten Sie interessante Einblicke in die Welt der Statistik und Datenanalyse, die Politik des Zugangs zu Unternehmensdaten usw. Auf praktischer Ebene können Sie, wenn Sie mehrere Jobangebote erhalten, Ihren Mentor-Professor fragen, welches Sie annehmen sollten. Und wenn Sie sich gut verstehen, öffnet sich Ihr Professor Ihnen vielleicht nicht nur mit Ratschlägen, sondern auch mit Empfehlungen und Kontakten.

Zweitens: Nutzen Sie das Netzwerk des Professors. Viele Professoren an Business Schools haben sich vom „Fließband"- oder „Fabrikdenken" in der Lehre verabschiedet (bei dem der Studierende nach dem Abschluss für immer verschwindet). Ein guter Business-School-Professor betrachtet seine besten Studenten und Absolventen als eine generationenübergreifende Gemeinschaft, mit der er in Kontakt bleibt. Solche Professoren sind ein „Goldschatz" an Kontakten. Wir nennen es „Glücksrad": Der Professor ist die Nabe dieser Gemeinschaft, die Alumni sind die Speichen. Es ist nicht ungewöhnlich, dass CEOs und HR-Direktoren, die selbst MBA-Absolventen sind, sich bei der Besetzung einer Stelle an ihren Professor wenden und um Empfehlungen für aktuelle MBA-Studenten bitten. Während die meisten Professoren aus Angst vor einer Flut von Anfragen „Einführungsgesuche" (d.h. Bitten, einflussreichen Personen vorgestellt zu werden) aktueller Studierender ablehnen, ändert sich die Dynamik nach dem Abschluss, und Sie können viel direkter um Unterstützung bitten.

Drittens: Arbeiten Sie für den Professor und nehmen Sie dies in Ihren Lebenslauf auf. Viele Professoren benötigen Lehr- oder Forschungsassistenten. Besonders US-amerikanische Hochschulen setzen auf Assistenten und stellen dafür Budgets bereit. Die Tätigkeit als Forschungs- oder Lehrassistent ist eine Win-win-Situation, da es sich um einen hochqualifizierten Nebenjob handelt. In einer Welt, in der Schlüsselbegriffe wichtig sind, verbessert eine zusätzliche Zeile im Lebenslauf Ihre Chancen auf den Traumjob. Fragen Sie also Ihren Professor, ob er eine Stelle für Sie hat.

Als Gegenleistung für alles, was ein Professor für Sie tun kann, können Sie sich erkenntlich zeigen, indem Sie qualitatives Feedback zu seinem Kurs geben. Sie wären überrascht, wie wenig aussagekräftiges Feedback Studierende in den Evaluationsbögen am Kursende hinterlassen – meist nur die Mindestangaben auf einer Punkteskala (z. B. 5 von 5 Punkten für Inhalt, 4 Punkte für Präsentation usw.). Noch besser ist es, dem Professor persönlich mitzuteilen, was Ihnen am Kurs gefallen hat, womit Sie Schwierigkeiten hatten, was Sie als nicht relevant empfanden oder womit Sie nicht einverstanden waren. Professoren schätzen engagierte Studierende sehr.

5. Integrative Kurse und Abschlussprojekt

Wir leben nicht in einer abgeschotteten Welt: Integration ist in allen wirtschaftlichen und gesellschaftlichen Aktivitäten Realität. Zu Recht versucht daher auch das Curriculum der Business Schools, die Komplexität des Berufslebens mit integrativen Kursen und Projekten abzubilden. Manche Fächer sind von Natur aus stärker integrativ, zum Beispiel Strategie, Organisationsverhalten, Wirtschaftsethik und Nachhaltigkeit, da sie viel mehr Verbindungen zu anderen Bereichen aufweisen als etwa Finanzen oder Rechnungswesen. Alles, was mit Praxis zu tun hat, ist definitionsgemäß meist integrativ, und Business Schools versuchen, das Curriculum mit speziellen Kursen wie Consultancy Skills und Managementpraxis sowie mit betreuten Praktika näher an die Praxis zu bringen.

Das große integrative Element am Ende eines MBA-Studiums ist traditionell die Masterarbeit (im Vereinigten Königreich als „Dissertation" bezeichnet) oder allgemeiner das „Abschlussprojekt". US-amerikanische MBA-Programme verlangen in der Regel keine Masterarbeit, dauern dafür aber im Durchschnitt länger, sodass sie mehr Möglichkeiten für integrative Arbeiten während des Semesters bieten. Neben der klassischen wissenschaftlichen Arbeit kann das Abschlussprojekt auch als Beratungsbericht, Businessplan für ein Start-up oder als Fallstudie zu einem Unternehmen gestaltet werden.

Sie haben große Freiheit bei der Wahl des Themas für Ihre Abschlussarbeit bzw. Ihr Projekt – nutzen Sie diese mit Bedacht. Denken Sie an Ihre Karriere in fünf bis zehn Jahren. Sie sollten ein Thema bzw. einen Titel wählen, der Ihre Glaubwürdigkeit im jeweiligen Berufsfeld stärkt – eines, das Sie in Ihren Lebenslauf und auf LinkedIn aufnehmen können. Idealerweise sollte das Thema Ihres Abschlussprojekts nicht nur karrierefördernd, sondern auch für Sie persönlich interessant sein. Und wenn Sie sich frühzeitig für ein Thema entscheiden, können Sie im Laufe des Studiums gezielt Materialien dafür sammeln.

Ein Hinweis zur Abschlussarbeit: Achten Sie darauf, beim Verfassen nicht gegen die Plagiatsregeln zu verstoßen. Besonders Studierende aus asiatischen Kulturen haben oft Schwierigkeiten mit Plagiaten, da das richtige Zitieren in der Schule nicht früh gelehrt wird. Es gibt jedoch sowohl Anreize als auch Sanktionen im Zusammenhang mit dem Zitieren. Die „Strafe" besteht im Risiko einer schlechteren Note oder sogar des Nichtbestehens, wenn erheblicher Plagiatsverdacht nachgewiesen wird (heutzutage setzen Hochschulen zur Plagiatserkennung, insbesondere bei MBA-Arbeiten, häufig Software wie Turnitin ein). Der „Anreiz" ist, dass umfangreiche Literaturangaben die Qualität Ihrer Arbeit steigern und die Chance auf eine sehr gute Note erhöhen: Sie zeigen damit, dass Sie viel recherchiert und eine breite Quellenbasis ausgewählt haben (und erhöhen nebenbei auch den Umfang Ihrer Arbeit).

An manchen Hochschulen muss die Abschlussarbeit bzw. das Abschlussprojekt nicht nur eingereicht, sondern auch in einer mündlichen Präsentation mit anschließender Fragerunde „verteidigt" werden. Die Verteidigung ist besonders bei Projekten wichtig, die von einem Team bearbeitet wurden, da das Prüfungsgremium so feststellen kann, ob ein

Teammitglied mehr oder weniger zum gemeinsamen Ergebnis beigetragen hat (die Noten für die Arbeit und/oder die Verteidigung können sich also innerhalb des Teams unterscheiden).

6. Wahlpflichtfächer auswählen

Die meisten MBA-Programme verlangen, dass ihre Studenten eine bestimmte Anzahl an Wahlpflichtfächern belegen, die in der Regel nach Abschluss der Pflichtkurse gewählt werden. An manchen Institutionen sind die Wahlfächer zu Paketen aus demselben Fachgebiet gebündelt, die Spezialisierungen, Schwerpunkte oder Tracks bilden. In der Regel muss ein Studierender drei Wahlfächer aus demselben Bereich belegen, um eine Spezialisierung zu erhalten. An kleineren Hochschulen ist das Angebot an Wahlfächern oft eingeschränkter, und Spezialisierungspakete existieren möglicherweise gar nicht, sodass völlige Freiheit bei der Wahl der angebotenen Wahlfächer besteht. Sie könnten sogar beantragen, einen interessanten Kurs aus anderen Masterprogrammen der Business School oder sogar aus anderen Fakultäten der Universität (z. B. Ingenieurwesen oder Jura) zu belegen – allerdings müssen Sie vorher sowohl die Zustimmung des unterrichtenden Professors als auch die Zusicherung Ihres Programmdirektors einholen, dass der Kurs als Wahlfach anerkannt und auf Ihr MBA-Studium angerechnet wird.

Bei der Wahl der Wahlfächer kann es zu Angebot-Nachfrage-Dynamiken kommen. Manche Wahlfächer sind stets beliebter als andere, sodass die Hochschulen das Angebot durch ein Bietsystem rationieren: Jeder Studierende erhält 100 Punkte, die er auf die gewünschten Wahlfächer verteilen kann. Die Kurse mit den meisten Punkten werden dann vergeben.

Erfahrene MBA-Absolventen empfehlen folgende Faustregel für die Wahl der Kurse: „Wählen Sie Professoren, nicht Kurstitel!" Die Idee dahinter ist, dass Sie von einem großartigen Professor, der für sein Fach brennt, mehr lernen als von einem durchschnittlichen Professor, der vielleicht einen interessant klingenden Kurs unterrichtet. Es gibt zwei Möglichkeiten, herauszufinden, wer die besten Professoren sind: Fragen Sie die Studierenden des Vorjahres nach ihren Erfahrungen und besuchen Sie die Kurse eine Woche lang zur Probe, bevor Sie sich entscheiden (was an Hochschulen mit großem Wahlfachangebot meist möglich ist).

7. Internationale Austauschprogramme und Studienreisen

Ein Auslandssemester ist für Vollzeit-MBA-Studenten eine hervorragende Möglichkeit, das Leben in einem anderen Land oder sogar auf einem anderen Kontinent kennenzulernen. Für Teilzeit-MBA-Studenten ist dies selten eine Option, es sei denn, sie sind bereit, für ein Semester ihren Beruf zu unterbrechen und das Austauschprogramm in Vollzeit zu absolvieren. Das PIM-Konsortium[3] mit 69 Hochschulen, die Austauschsemester unter ihren Mitgliedern ermöglichen, ist nur eine von vielen Möglichkeiten. Darüber hinaus gibt es tausende bilaterale Vereinbarungen zwischen einzelnen Business Schools, die ihren Studierenden auf Gegenseitigkeit Austauschsemester anbieten.

Es ist sinnvoll, ein Austauschsemester an einer Hochschule zu absolvieren, die als prestigeträchtiger gilt als die eigene. Dies bringt zusätzliche Einträge im Lebenslauf und verschafft Zugang zu einem neuen Alumni-Netzwerk (auch wenn man formal keinen Alumni-Status erhält, da dieser nur Absolventen eines Studiengangs oder eines bedeutenden Executive-Education-Programms vorbehalten ist). Die Hochschulen im PIM-Konsortium erwarten in der Regel, dass das Austauschsemester im Ausland absolviert wird, und erlauben keinen Austausch an einer Hochschule im selben Land. Gelegentlich entscheidet sich ein MBA-Studierender dafür, an eine weniger renommierte Hochschule zu wechseln, was jedoch nur dann ratsam ist, wenn es für die eigene Karriere oder Lebensplanung unerlässlich ist (z. B. um in Asien Fuß zu fassen, falls ein Umzug dorthin geplant ist).

Positiv für das Networking ist, dass ein Austauschsemester das eigene Netzwerk an MBA-Kommilitoninnen und -Kommilitonen, Bekannten und LinkedIn-Kontakten nahezu verdoppeln kann. Allerdings sollte man bedenken, dass es sich bei den meisten um „lose Verbindungen" handelt, da wenig Zeit bleibt, um tiefere Beziehungen aufzubauen. Nachteilig ist, dass die ursprüngliche MBA-Klasse während der eigenen Abwesenheit weiter zusammenwächst, sodass man nach der Rückkehr an die „Heimathochschule" feststellen könnte, dass das Leben weitergegangen ist und die Verbindung zu den Kommilitoninnen und

---

[3] PIM (o. J.).

Kommilitonen nicht mehr so eng ist wie zuvor. Dies gilt besonders für MBA-Programme, in denen die Klasse zumindest während der Kernkurse als Kohorte zusammenbleibt; weniger stark ausgeprägt ist dies in Programmen mit gestaffelten (Karussell-Modell) Einstiegsterminen und wechselnder Klassenbesetzung. In jedem Fall bestätigt sich auf beiden Seiten der Bilanz das Sprichwort: Wer zu oft um die Welt zieht, hat am Ende viele Bekannte, aber wenige Freunde.

Vor der Entscheidung für ein Austauschsemester (in der Regel etwa sechs Monate vor Beginn) sollte sichergestellt werden, dass es nicht mit den eigenen Karriereplänen und dem Zeitplan für Bewerbungen kollidiert. Überschneiden sich die Recruiting-Wochen auf dem Campus mit den Auslandsstudienplänen, kann es sinnvoll sein, statt eines vollen Semesters einen kurzen, zweimonatigen Austausch zu absolvieren (was einige PIM-Hochschulen ebenfalls ermöglichen) oder an einer einwöchigen Studienreise teilzunehmen.

Studienreisen sind attraktiv, da sie Lernmöglichkeiten in einem neuen Land mit Sightseeing, Networking mit externen Stakeholdern und dem Zusammenhalt unter den Studierenden verbinden. Das Verhältnis dieser Komponenten kann variieren, daher empfiehlt es sich, bei früheren Jahrgängen nachzufragen, falls einem bestimmte Aspekte besonders wichtig sind. Eine internationale Studienreise dauert in der Regel eine Woche und kann recht kostspielig sein (z. B. 5.000 USD, exklusive Flüge). Studenten, denen der Preis zu hoch ist, haben meist die Möglichkeit, auf dem Campus zu bleiben und stattdessen ein zusätzliches Wahlfach zu belegen.

8. Pünktlicher Abschluss oder Abschlussverschiebung
Das Verfassen einer Abschlussarbeit oder eines Abschlussprojekts führt mitunter zu einer Verzögerung des Studienabschlusses. Hochschulen, die eine Abschlussarbeit oder ein Projekt verlangen, räumen dafür in der Regel ein Semester ein. Alles, was darüber hinausgeht, wird im Fortschritts- und Abschlusssystem der Hochschule erfasst. Mitunter verhängen Hochschulen Sanktionen (eine zusätzliche Gebühr oder eine standardmäßig niedrigere Note für die Abschlussarbeit), um die Studenten zu einem pünktlichen Abschluss zu motivieren. Es ist nicht ungewöhnlich, dass Studenten (zum Glück nur eine kleine Minderheit)

den Abschluss gar nicht erreichen, weil sie die Arbeit immer wieder aufschieben und nie fertigstellen oder einreichen.

Je nach Konjunkturzyklus kann es sinnvoll sein, während einer Rezession um ein zusätzliches Semester zu verlängern und in einem besseren wirtschaftlichen Umfeld abzuschließen (insbesondere bei einem Vollzeitstudium und paralleler Jobsuche). Dies kann zwar eine zusätzliche Studiengebühr erfordern, bietet aber auch die Möglichkeit, alle Wahlfächer zu belegen, die man bislang verpasst hat.

Noten: Kein Thema

Noten sind der einzige akademische Bereich, der in dieser Liste keine eigene Nummer erhalten hat – und das aus gutem Grund. Erwachsene messen Noten deutlich weniger Bedeutung bei als Schulkinder; und die eigenen Eltern werden nicht einmal wissen, welche Noten man erhält. Noten sind vielleicht im Vollzeit-MBA etwas wichtiger und spielen im Teilzeit-MBA eine geringere Rolle, aber letztlich sind alle MBA-Programme postgraduale Weiterbildungsangebote für erfahrene Erwachsene, die sich nicht allzu sehr um ihre Kursnoten sorgen. Entscheidend ist, dass die überwiegende Mehrheit der MBA-Studierenden, die für die Zulassung als würdig erachtet wurden und sich engagieren, ihre Kurse erfolgreich abschließen wird.

Es gibt nur wenige Ausnahmen von der Regel „Noten sind nicht wichtig". Zum Beispiel: Wer in seinem Hintergrund eine Lücke, etwa in quantitativen Fächern, aufweist und in eine quantitativ anspruchsvolle Karriere wechseln möchte, kann potenzielle Arbeitgeber durch ein entsprechendes Zeugnis (und zusätzlich durch Hinweise im Lebenslauf und Anschreiben) davon überzeugen, dass er oder sie in Statistik/Datenanalyse oder Quantitative Finance eine sehr gute oder überdurchschnittliche Note erzielt hat.

Eine weitere Ausnahme besteht, wenn das MBA-Studium durch ein Unternehmen oder eine staatliche Stelle gefördert wurde (einige Regierungen entsenden ihre besten Beamten ins Ausland, verbunden mit einem fünfjährigen Beschäftigungsvertrag nach der Rückkehr) und das

Erreichen mindestens durchschnittlicher oder überdurchschnittlicher Noten eine Bedingung für die Förderung ist.

Zur Einordnung: Die Note in einem MBA-Kurs setzt sich in der Regel aus mehreren Komponenten zusammen: individuelle Arbeiten/ Aufgaben; Gruppenprojekte/Präsentationen; Zwischen- und Abschlussprüfungen sowie die Mitarbeit im Unterricht. Bei Gruppenprojekten fließt häufig eine Peer-Evaluation in die Note ein: Die Teammitglieder geben anonym eine Bewertung für alle anderen Gruppenmitgliederab, um sicherzustellen, dass es keine Trittbrettfahrer gibt. Die Mitarbeit im Unterricht ist ein weiteres interessantes Bewertungskriterium, das manchmal bis zu 30 % der Gesamtnote ausmacht, da es die Studierenden dazu ermutigt, sich aktiv zu beteiligen. Allerdings ist dies keine Einladung, beliebig zu reden – Dozierende werden nicht zögern, jemanden zu unterbrechen, wenn die Beiträge keinen Mehrwert für die Diskussion liefern. Langfristig ist es bei Teamprojekten und Diskussionen im Unterricht wahrscheinlich wichtiger, welchen Eindruck man bei den Kommilitoninnen und Kommilitonen hinterlässt als bei den Dozenten – niemand möchte schließlich für die nächsten zehn oder zwanzig Jahre zum Gespött der eigenen MBA-Klasse werden.

Zusammenfassung

Das MBA-Studium gleicht einem akademischen Retreat: Es bietet die Möglichkeit, für eine gewisse Zeit aus dem „Hamsterrad" der Karriere auszusteigen und in komprimierter Form so viel wie möglich zu lernen. MBA-Studenten berichten häufig von „Aha-Momenten", in denen sie – meist während einer Diskussion im Unterricht oder mit Kommilitoninnen und Kommilitonen – zu einer grundlegenden Erkenntnis gelangen. Besonders genießen das MBA-Erlebnis oft diejenigen, deren Erststudium schon länger zurückliegt. Der Praxisbezug, die Fallstudienmethode und die Entwicklung von Soft Skills, die Freiheit bei der Wahl der Wahlfächer, das Abschlussprojekt, internationale Austauschprogramme und Studienreisen – all das sind Erfahrungen, die sich grundlegend nicht nur von der klassischen Universitätsausbildung, sondern auch vom grundständigen BWL-Studium unterscheiden. Behandeln Sie Ihr MBA-Studium daher sowohl als Privileg als auch als Verpflichtung, Leistung zu erbringen.

Literatur

Banks, C. P. (2017). *The American legal profession: The myths and realities of practicing law*. Sage.
Gloeckler, G. (2008, January 24). The case against case studies: How Columbia's B-school is teaching MBAs to make decisions based on incomplete data. *Bloomberg Businessweek*. https://www.bloomberg.com/news/articles/2008-01-23/the-case-against-case-studies. Zugegriffen: 23. Apr. 2023.
PIM. (n. d.). *PIM network*. https://pimnetwork.org/. Zugegriffen: 26. Apr. 2023.

7

Wie Sie über den akademischen Wert hinaus von Ihrer Business School und Ihrem MBA-Programm profitieren

Einführung in acht nicht-akademische Bereiche

Einige Marathonläufer behaupten, ein Marathon sei eher ein Esswettbewerb als ein Laufwettbewerb: Wer seine Energie am effizientesten auffüllt, gewinnt. Zyniker der Wirtschaftsausbildung sagen etwas ähnlich Konterintuitives: Ein MBA ist ein Karrierekampf, kein Wissenswettbewerb (es geht nicht darum, was man lernt, sondern wo man auf der Karriereleiter landet). Wir widersprechen jedoch dieser Schwarz-Weiß-Sicht auf die Wirtschaftsausbildung entschieden. Die Realität ist deutlich nuancierter: Beruflicher Erfolg basiert auf einer Mischung vieler Faktoren; Lernen, Wissen und Fähigkeiten sind dabei wesentliche Beiträge. Im Folgenden finden Sie Details und Ratschläge zu acht (!) zentralen nicht-akademischen Themen, die Ihnen helfen, Ihre Zeit an der Business School optimal zu nutzen.

1. Entwicklung von Selbstwahrnehmung durch Persönlichkeitstests
Alle MBA-Programme beginnen mit einer Einführungsveranstaltung, die von einem Tag bis zu über einer Woche dauern kann. Ein wichtiger Bestandteil dieser Einführung sind Persönlichkeits- bzw. Diagnosetests, die

Ihnen helfen, Ihre Selbstwahrnehmung und das Verständnis von Persönlichkeitstypen (sowohl Ihrer eigenen als auch der anderer) zu entwickeln. Der Myers-Briggs-Persönlichkeitstest, der sich auf vier Dimensionen konzentrierte (z. B. Extraversion/Introversion; Denken/Fühlen), war früher ein fester Bestandteil der Selbsteinschätzung, wurde jedoch in den letzten Jahren im Bereich Organizational Behavior als wissenschaftlich unzureichend verworfen.[1] Stattdessen werden heute vor allem zwei andere Tests eingesetzt: Der Big Five Personality Test, der im Englischen auch als OCEAN (openness, conscientiousness, extraversion, agreeableness, neuroticism) bekannt ist und Offenheit, Gewissenhaftigkeit, Extraversion, Verträglichkeit, Neurotizismus testet sowie die Belbin Teamrollen-Inventare.

Diese Tests helfen Ihnen, sich selbst besser einzuordnen: Sie verstehen besser, wer Sie sind, was Sie motiviert und antreibt und wie Sie mit anderen interagieren. Während Ihrer Zeit an der Business School ist dies besonders wichtig, um die zahlreichen Teamprojekte, die ein MBA-Programm erfordert, erfolgreich zu bewältigen. Der chinesische Philosoph Laozi (Begründer des Daoismus/Taoismus und Autor des „Daodejing") brachte es bereits vor 2500 Jahren auf den Punkt: 知人者智，自知者明 („Wer andere versteht, ist klug, wer sich selbst kennt, ist wirklich weise"). Selbstwahrnehmung ist die Grundlage aller zuvor genannten Soft-Skill-Entwicklungen (Kommunikation, Verhandlung, Führung). Die Diagnosetests helfen Ihnen unter anderem herauszufinden, ob Sie ein „Löwenzahn" (eine Pflanze, die überall wächst) oder eine Orchidee (die bestimmte Bedingungen zum Gedeihen braucht) sind, also extrovertiert oder introvertiert, um eine Metapher aus Susan Cains Buch zu verwenden.[2]

Ein weiteres nützliches Instrument zur Entwicklung von Selbstwahrnehmung ist das Johari-Fenster[3], ein Modell mit vier Kombinationen und Überschneidungen dessen, was anderen bekannt/unbekannt ist und was einem selbst bekannt/unbekannt ist. Besonders interessant ist das „blinde Fleck"-Quadrant: Was anderen bekannt, einem selbst

---

[1] Schweiger (1985).
[2] Cain (2012).
[3] Francis (2020).

aber unbekannt ist. Blinde Flecken können durch „360-Grad"-Feedback-Übungen aufgedeckt werden, bei denen Sie jedes Teammitglied um qualitatives Feedback bitten. Diese Art von Rückmeldung kann schmerzhaft sein, wäre aber nicht hilfreich, wenn sie nicht kritisch wäre (sonst würde man nur um die blinden Flecken herumschleichen). Alle Persönlichkeits- und Teamdiagnose-Tools existieren aus einem Grund: Sie sollen Sie in Ihrer Karriere und Ihrem weiteren Leben unterstützen.

2. Außercurriculare Aktivitäten (Events, Sport, Networking, Clubs)
Vollzeit-MBA-Studenten nutzen gerne alle Möglichkeiten, die das Campusleben bietet: von Networking-Events mit MBA-Alumni, Studenten anderer Hochschulen oder Führungskräften aus Unternehmen über Trinkveranstaltungen (die manchmal sogar von der Hochschule selbst in Form von „Thursday afternoon kegs" auf dem Campus unterstützt oder gefördert werden) und Kneipentouren bis hin zu sportlichen Aktivitäten (Golf, Fußball etc.), Spielen (Paintball) und Extremsportarten wie Tandem-Fallschirmspringen. Westliche Hochschulen (in Amerika und Europa) neigen generell dazu, Aktivitäten zu fördern, die extrovertiertes Verhalten begünstigen, während asiatische Hochschulen Extraversion weniger betonen. Allerdings scheint das Trinken in China und Japan ebenso verbreitet und wichtig zu sein wie im Westen – es unterscheidet sich nur der Stil.

Studentenclubs/-vereinigungen sind nicht nur wegen der Inhalte der von ihnen organisierten Veranstaltungen und der Networking-Möglichkeiten wichtig, sondern auch wegen der angebotenen Führungspositionen. Ein Club hat in der Regel mindestens einen Präsidenten und einen Vizepräsidenten, und es kann an Ihrer Hochschule mehrere Dutzend Clubs geben. Wenn Sie sich für einige Führungsrollen bewerben, erhalten Sie mit hoher Wahrscheinlichkeit mindestens ein oder zwei Positionen, die Sie in Ihren Lebenslauf aufnehmen können. Dies kann besonders für Studenten wichtig sein, die einen Branchenwechsel anstreben: Eine Führungsrolle in einem Club, der für Ihre zukünftige Branche relevant ist, bringt wichtige Schlüsselbegriffe in Ihre Geschichte und belegt Ihr Engagement.

Universitäten verfügen oft über einen beeindruckenden Campus mit modernen Einrichtungen. Der Zugang zum Hochschulsportzentrum ist in der Regel durch die Studiengebühren abgedeckt. Da Sie also ohnehin für das Sportzentrum zahlen, sollten Sie das Schwimmbad und das Fitnessstudio auch nutzen.

Im Jahr 2022 eröffnete die Columbia Business School in New York City ihr neues, 600 Millionen US-Dollar teures Gebäude – das bislang teuerste Business-School-Gebäude weltweit. Die Idee hinter solchen repräsentativen Gebäuden ist, ein Ökosystem von Aktivitäten und einen Treffpunkt zu schaffen, der Menschen zusammenbringt. Ironischerweise werden die Einrichtungen auf dem Campus aber hauptsächlich von aktuellen Studierenden genutzt, obwohl Alumni oft uneingeschränkten Zugang zu Veranstaltungen und Aktivitäten haben. Es sei denn, berufstätige Alumni werden individuell eingeladen (z. B. als Redner bei Veranstaltungen), kommen sie – selbst wenn sie in derselben Stadt leben – in der Regel nur ein- oder zweimal im Jahr auf den Campus.

Teilzeit-MBA-Studenten haben in der Regel weniger Zeit als Vollzeit-MBAs, um sich vor oder nach dem Unterricht und den geplanten Teamaktivitäten auf dem Campus aufzuhalten, und sind daher weniger in außercurriculare Aktivitäten eingebunden.

3. Nutzung des Career Centre

Das MBA-Studium wird manchmal mit der NBA (National Basketball Association in den USA) verwechselt, da die beiden Abkürzungen ähnlich sind. Abgesehen von dieser oberflächlichen Ähnlichkeit gibt es jedoch einen Aspekt des MBA, der eine auffällige Parallele zu einem spektakulären Element des amerikanischen Basketballs aufweist: dem Slam Dunk. Ein Basketballspieler erzielt einen Slam Dunk, indem er hoch in die Luft springt und den Ball mit großer Kraft in den Korb drückt. Ähnlich stürzt sich ein MBA-Studierender in das MBA-Erlebnis und erwartet, am Ende einen Top-Job zu landen. Doch wie im Basketball nicht jeder Wurf zu einem Punkt führt, gelingt auch nicht jedem MBA-Studierenden der „Karriere-Slam-Dunk". Wie MBA-Studierende das Career Centre ihrer Hochschule nutzen, kann dabei entscheidend sein.

Die Zusammenarbeit mit dem Career Centre beginnt am ersten Tag des Programms (und wenn nicht, stimmt etwas mit dem MBA-Programm nicht, für das Sie sich eingeschrieben haben). Karriereentwicklung, CV-Erstellung und Bewerbungstraining werden vom Career

Centre oft als Teil des offiziellen Curriculums angeboten, auch wenn sie meist nicht benotet werden, oder sie finden als außercurriculare Aktivitäten statt. Auf das formale Training folgen Einzel- oder Gruppencoachings, Probeinterviews und Simulationen mit einem zugewiesenen Karriereberater. Ziel ist es, Ihnen einen möglichst hohen Einstieg auf der Karriereleiter zu ermöglichen (bei Vollzeitstudierenden) oder eine Beförderung zu erreichen (bei Teilzeitstudierenden). Videoaufnahmen von sich selbst sind bei den Interviewvorbereitungen üblich, da sie helfen, sich an den eigenen Auftritt vor der Kamera zu gewöhnen.

Manche Hochschulen verweigern leider Studenten mit Firmensponsoring die Leistungen des Career Centre, in der Annahme, dass diese MBA-Studenten keine Jobsuche benötigen, oder aus dem Missverständnis heraus, es sei unethisch, anderen Unternehmen die Möglichkeit zu geben, einen von der Firma geförderten Mitarbeitenden abzuwerben. Die AMBA empfiehlt, dass Hochschulen allen MBA-Studenten immer Career Development-Trainings anbieten sollten. Während die Vermittlung von Arbeitsplätzen für firmengesponserte Studenten tatsächlich eingeschränkt werden muss, ist Career Development ein viel breiteres Feld, das auch den Aufstieg im Unternehmen, Gehaltsverhandlungen, das Management nach oben, die Entwicklung von Beziehungen zum Vorstand usw. umfasst und somit die Entwicklung der Soft Skills ergänzt.

Die Vermittlung von Arbeitsplätzen für Vollzeit-MBA-Studenten ist ein zentraler Leistungsindikator für den zuständigen Karriereberater. Mitarbeitende des Career Centre können sogar finanziell incentiviert werden (z. B. durch Boni oder einen Anteil an ihrer Vergütung), wenn sie bestimmte Vermittlungsquoten erreichen, etwa wenn über 95 % der arbeitsuchenden MBA-Absolventen innerhalb von drei Monaten nach dem Abschluss eine Stelle finden. Wenn Sie also ein suboptimales Jobangebot erhalten und Ihr Berater Ihnen empfiehlt, es anzunehmen, bedenken Sie, dass dies auch im Interesse seiner eigenen Zielerreichung liegen könnte … zögern Sie also nicht, zu widersprechen und Ihre eigene Entscheidung zu treffen.

Ein bedauerlicher Nebeneffekt der Unterstützungsfunktion des Career Centre ist, dass Studierende es als Leiter nutzen, um die Karriereleiter zu erklimmen, und diese dann wegwerfen, wenn sie nicht mehr gebraucht wird (wenn wir uns die Metapher von Ludwig Wittgenstein ausleihen dürfen). Wenn Studierende ihren Traumjob bekommen, feiern sie dies meist als ihren eigenen Erfolg. Scheitern sie jedoch bei der Jobsuche, geben sie oft dem Career Centre die Schuld, nicht genug geholfen zu haben. Daher haben selbst die besten Career Centres oft einen schlechten Ruf im Studierenden- und Alumni-Netzwerk – machen Sie sich also keine unnötigen Sorgen um den Ruf Ihres Career Centre: Es wird immer auch unterdurchschnittliche Studierende geben (die schlimmsten sind als „die Quengler" bekannt).

Autonome Career Centres, die direkt an der Business School angesiedelt sind (und deren Mitarbeitende dem Dekan der Schule berichten), bieten traditionell eine bessere Karriereunterstützung und Vermittlung als Career Centres, die der Gesamtuniversität unterstellt sind (ein Modell, das als „Shared Services" bekannt ist). MBA-Studierende benötigen eine anspruchsvollere Betreuung, während universitätsweite Career Centres vor allem auf Bachelor-Studierende und große Gruppen von Berufseinsteigern ausgerichtet sind, was zu einem möglichen Missverhältnis führen kann. Die Autonomie, Struktur und Berichtslinien des Career Centre sind ein hervorragendes Thema für Ihr MBA-Bewerbungsgespräch.

Langfristig soll das Career Centre Sie während Ihrer gesamten beruflichen Laufbahn unterstützen. Wir sagen „soll", denn wenn Sie nicht mehr in derselben Stadt leben, ist die Unterstützung aus der Ferne oder im Ausland begrenzt. Außerdem werden Sie mit zunehmender Berufserfahrung das Niveau der angebotenen Dienstleistungen irgendwann übersteigen, sobald Sie über ein eigenes, stabiles berufliches Netzwerk verfügen. Dennoch kann das Career Centre gelegentlich hilfreich sein – werfen Sie es also auch 20 Jahre nach dem Abschluss nicht ganz über Bord.

4. Unternehmensbesuche

„Exkursionen" ist eine weitere Bezeichnung für Unternehmensbesuche, die Vorträge und Präsentationen vor Ort im Unternehmen umfassen. Sie sind ein charakteristisches Merkmal der Managementausbildung, da sie die Praxis im Umfeld der Praktiker erlebbar machen.

Unternehmensbesuche sind bei MBA-Studenten besonders beliebt, da sie wenig Vorbereitung erfordern, aber nicht nur wegen der Inhalte der Präsentationen von Unternehmensvertretern interessant sind, sondern auch wegen der Einblicke während der Firmenführung. Sie bieten zudem potenzielle Anknüpfungspunkte für spätere Beschäftigungsmöglichkeiten: Wenn Sie einer Führungskraft eine kluge Frage stellen, haben Sie bereits einen Fuß in der Tür – daraus kann sich ein weiteres Gespräch bei einem Kaffee und schließlich ein Praktikum oder ein Vorstellungsgespräch ergeben.

Unternehmensbesuche sind auch besonders einprägsame Bestandteile des MBA-Studiums – und dafür gibt es einen biologischen Grund. Im menschlichen Gehirn gibt es mindestens drei verschiedene Typen von Neuronen, die Ortsgedächtnis kodieren (eine Entdeckung, die 2014 mit dem Nobelpreis für Physiologie und Medizin ausgezeichnet wurde). Wenn Studierende also aus dem gewohnten Umfeld der Business School herausgenommen werden, entstehen besonders starke neue Erinnerungen an die neuen Orte.

5. Informationsgespräche
Ein Informationsgespräch ist ein informeller Austausch mit einer Führungskraft (in der Regel ein Alumnus Ihrer Hochschule oder einer anderen Institution), der vom MBA-Studierenden initiiert wird. Es verfolgt zwei Ziele: Zum einen soll der Studierende mehr über das Unternehmen erfahren, in dem die Führungskraft tätig ist; zum anderen soll der Führungskraft signalisiert werden, dass der Studierende an dem Unternehmen interessiert ist. Daher sollten Sie stets gut vorbereitet in ein Informationsgespräch gehen und sich im Vorfeld mit den öffentlich verfügbaren Informationen über das Unternehmen (Unternehmenswebsite, Wikipedia-Seite, aktuelle Online-Artikel) vertraut machen, damit Sie gezielte Fragen stellen können, die nur die Führungskraft beantworten kann – also Fragen, die über die allgemein zugänglichen Informationen hinausgehen.

Kulturell sind US-MBA-Studenten mit diesem Format am vertrautesten, da es in der amerikanischen Unternehmenswelt gängige Praxis ist. Europäische MBA-Studenten sind weniger daran gewöhnt, und die meisten ostasiatischen Studenten würden es nicht wagen, eine ihnen unbekannte Führungskraft einfach anzusprechen oder anzuschreiben. Dennoch sollten alle MBA-Studierenden, unabhängig vom Standort, diese Art von Gesprächen führen, da sie den Einstieg in den MBA-Arbeitsmarkt ermöglichen. Zögern Sie also nicht, Managerinnen und Manager, oder sogar CEOs höflich um ein Informationsgespräch zu bitten. Im schlimmsten Fall erhalten Sie eine Absage.

Wenn eine Führungskraft zugesagt hat, kann es vorkommen, dass sie das vereinbarte Gespräch verschieben oder neu terminieren muss. Das sollte Sie nicht überraschen: Die Entscheidungsmacht liegt bei der vielbeschäftigten Führungskraft, die von einem Treffen mit einem anfragenden MBA-Studierenden wenig profitiert. In einem solchen Fall reagieren Sie höflich und vereinbaren einfach einen neuen Termin. Nur wenn eine Person, die Ihnen bereits zugesagt hat, dreimal absagt, sollten Sie das Gespräch endgültig aufgeben.

Ein psychologischer Trick (gelehrt von Professorinnen und Professoren für Organizational Behavior), um die Chancen auf einen Termin zu erhöhen, besteht darin, das Gespräch drei Wochen im Voraus anzufragen – zu einem Zeitpunkt, an dem der Kalender der Führungskraft noch nicht vollständig gefüllt ist und die zeitliche Distanz zu Ihren Gunsten wirkt. Wir Menschen empfinden die unmittelbare Zukunft als knappe Ressource und sind entspannter, wenn es um weiter entfernte Termine geht. Daher ist es leichter, eine Zusage für ein Treffen in einigen Wochen zu erhalten.

6. Formale Bewerbungs- und Praktikumsinterviews

Unternehmen führen heutzutage mehrere Interviewrunden durch, manchmal bis zu einem Dutzend verschiedener Interviews. Dies entspricht den Prinzipien der Diversität, ist aber auch notwendig, um den einstellenden Führungskräften einen ersten Eindruck von potenziellen Mitarbeitenden zu vermitteln. In Matrixorganisationen gibt es häufig verschiedene Berichtswege, sodass mehrere Führungskräfte mit der zu besetzenden Position in Kontakt stehen.

Um kompetent und selbstbewusst zu wirken, sollten Sie das Beantworten typischer Interviewfragen üben. Bitten Sie eine Freundin oder einen Kommilitonen, ein Probeinterview mit Ihnen durchzuführen und

Sie idealerweise dabei zu filmen, damit Sie sich das Video später ansehen können. Ein Probeinterview über Zoom erleichtert die Aufzeichnung zusätzlich. Falls niemand zur Verfügung steht, üben Sie vor dem Spiegel oder nehmen Sie sich per Video auf dem Handy auf.

Die genaue Kenntnis Ihres Lebenslaufs ist der erste Schritt zu einem erfolgreichen Interview. Beratungsunternehmen wie McKinsey wenden eine Interviewtechnik an, bei der sie einen Abschnitt Ihrer bisherigen Berufserfahrung auswählen und so lange nachfragen, bis wirklich jede mögliche Frage gestellt wurde. So wird nicht nur Ihre Belastbarkeit getestet, sondern auch aufgedeckt, ob jemand seinen Lebenslauf mit erfundenen Positionen oder Tätigkeiten „aufgehübscht" hat.

Der zweite Teil des Interviews dreht sich meist um Storytelling: „Erzählen Sie von einer Situation, in der …" In der Regel werden ein Dutzend typischer Situationen abgefragt, in denen Sie beispielsweise Führungsstärke, Durchhaltevermögen usw. unter Beweis stellen sollen. Mit fünf oder sechs gut vorbereiteten Geschichten können Sie eine Vielzahl von Situationen abdecken. Wenn Sie beispielsweise eine Geschichte darüber haben, wie Sie eine Mitarbeiterinn oder einen Mitarbeiter entlassen mussten, ist das nicht nur eine Geschichte über Kündigungen, sondern auch über Führung, operative Exzellenz, das Überwinden von Hindernissen, Empathie usw. Und selbst wenn Sie nicht die perfekte Geschichte zum gefragten Thema haben, erzählen Sie die am ehesten passende und fragen Sie am Ende: „Habe ich Ihre Frage damit beantwortet?" In der Regel wird der Interviewer oder die Interviewerin zustimmen, anstatt noch zehn Minuten beim gleichen Thema zu verweilen.

Eine gute Vorbereitung beinhaltet auch, Ihre Geschichten mit einer vereinfachten Handlung und auf das Wesentliche reduziert zu üben (zumindest zu Beginn). Die STAR-Methode (Situation-Task-Action-Result) hilft Ihnen, jede Geschichte auf vier Sätze zu verdichten. Denken Sie daran: Interviewer interessieren sich weder für jedes Detail noch möchten sie den Faden verlieren, wenn Sie zu viele Nebensächlichkeiten erzählen.

Die letzten 5–10 min des Gesprächs sind für Ihre eigenen Fragen reserviert. Bereiten Sie immer einige relevante Fragen zum Unternehmen, zur Abteilung und zur Position vor. Und falls Sie einmal überrascht werden, funktionieren auch allgemeine Fragen zur Person: „Was ist die größte Herausforderung in Ihrem Job?" „Lässt Ihre Position Ihnen Zeit für Hobbys?" Wir sind alle Menschen – wenn Sie auf die menschliche Seite Ihres Gegenübers eingehen, schaffen Sie Nähe.

Wenn Sie das Glück haben, mehrere Jobangebote zu erhalten, stehen Ihnen möglicherweise schwierige Entscheidungen bevor. Besonders herausfordernd sind sich überschneidende Fristen: Vielleicht läuft das Angebot Ihres zweitliebsten Unternehmens ab, bevor Sie wissen, ob Ihr Favorit Ihnen ein Angebot macht. Career Center erinnern daran, dass Sie nach Annahme eines Angebots ethisch handeln und zu Ihrer Zusage stehen sollten. Dennoch ist es besser, mehrere Optionen zu haben als keine – nehmen Sie daher an so vielen Interviews teil, wie Sie eingeladen werden.

7. Mentoring

Die meisten führenden MBA-Programme verfügen über ein institutionalisiertes Mentoring-Programm, das einen Absolventen oder eine Absolventin der Hochschule mit einem aktuellen MBA-Studierenden zusammenbringt. Mentoring ist keine Einbahnstraße: Sie werden von erfahreneren Personen betreut, sollten aber gleichzeitig bereit sein, Ihrerseits jüngere und weniger erfahrene Personen zu unterstützen, um etwas „zurückzugeben" (z. B. Bachelor-Studierende Ihrer Hochschule). Mentoring ist auch in anderer Hinsicht ein gegenseitiger Prozess: Sie lernen sowohl als Mentee als auch als Mentorin oder Mentor – etwa über sich selbst oder über neue Technologien von Ihrem jüngeren Mentee.

Idealerweise sollte Ihre Mentorn oder ihr Mentor nicht Ihr direkter Vorgesetzter im Unternehmen sein. So vermeiden Sie Interessenkonflikte und erweitern Ihr Netzwerk. Die V-Formation von Wildgänsen im Flug ist eine gute Analogie für Mentoring-Programme: Die vorderste Gans erleichtert der nachfolgenden den Flug, indem sie den Luftwiderstand verringert und Auftrieb erzeugt – deshalb fliegen Vögel oft in V-Formation. Der beste Platz ist dabei nicht direkt hinter der Leitgans, sondern leicht versetzt zur Seite (um Luftverwirbelungen zu vermeiden); genauso wie wir empfehlen, keinen Mentor aus dem eigenen Unternehmen zu wählen, der direkt über Ihnen steht.

8. Priorisierung

Prioritäten zu setzen ist ein wesentlicher Bestandteil von Strategie. Strategisches Denken und Planen bedeutet oft ebenso, etwas abzulehnen, wie sich für etwas zu entscheiden. An der INSEAD sprechen MBA-Studierende vom „3S"-Dilemma: Während des MBA-Studiums bleibt nur Zeit für zwei der drei „S": sleep, study, socialize (Schlaf, Studium, soziales Leben). Wir ergänzen dieses Prinzip um ein viertes „S": search (Jobsuche), sodass MBA-Studierende entsprechend drei der vier „S" wählen müssten. Unabhängig von der genauen Zahl ist die Botschaft klar: Zeit ist die wertvollste Ressource.

US-amerikanische Hochschulen schicken ihre Vollzeit-MBA-Studierenden bereits im September des ersten Jahres zu Karrieremessen, um sie auf die Praktikumsinterviews im Sommer vorzubereiten, die meist im Januar stattfinden. Und selbst wenn im Januar auch Prüfungen anstehen, hat bei einem wichtigen Interview für ein Praktikum oder einen Job das Lernen oft nachrangige Priorität.

Die Liste der Zielkonflikte kann viele weitere schwierige Entscheidungen enthalten, bei denen Sie Prioritäten setzen müssen:

- Wenn Sie nach Ihrem Sommerpraktikum kein Jobangebot erhalten haben, sollten Sie vielleicht das geplante Austauschsemester in einer weit entfernten Region überdenken (sofern Sie dort keine Jobs suchen werden).
- Wenn Sie zum Zeitpunkt Ihres Abschlusses noch kein Jobangebot haben, könnten Sie Ihre Hochschule bitten, Sie für ein oder zwei zusätzliche Wahlfächer oder ein weiteres Semester einzuschreiben – so können Sie Ihre Jobsuche fortsetzen, während Sie offiziell noch Teil des MBA-Programms sind (statt sich als arbeitsloser Alum zu bewerben, bei dem sich Arbeitgeber fragen, was schiefgelaufen ist).
- Überlegen Sie, welche zwei Elemente des „Triple Jump" bei Ihrer Jobsuche Sie beibehalten oder aufgeben möchten (Wechsel des Landes, der Branche oder der Funktion).
- Erwägen Sie als Backup-Option den „Bungee Jump": die Rückkehr zu Ihrem vorherigen Arbeitgeber oder in Ihr Herkunftsland, falls andere Szenarien der Jobsuche scheitern.

- Wenn sich Ihr Traumjob nicht realisiert, gehen Sie die Liste der weiteren Alternativen durch: Wenn Investment Banking nicht klappt, ist vielleicht eine Position im Corporate Finance leichter zu bekommen.

Zusammenfassung

Je besser Sie sich im Vorfeld auf das MBA-Studium vorbereiten, desto mehr werden Sie davon profitieren. Dennoch sollten Sie das MBA-Studium nicht überstürzt absolvieren und erwarten, dass sich jedes Wissen und jede Erfahrung sofort auszahlt. Den wahren Wert mancher Erfahrungen, Erkenntnisse und Begegnungen werden Sie erst Jahre nach dem Abschluss zu schätzen wissen.

Angesichts der Komplexität der modernen Welt pflegte ein Kommunikationsprofessor einer führenden Business School zu sagen: „Niemand weiß wirklich, was er tut." Und nach der Beobachtung, wie strategische Planung in verschiedenen Sektoren abläuft, können wir das bestätigen. Genießen Sie also das organisierte Chaos, das das MBA-Studium in Ihr Leben bringt, und machen Sie das Beste daraus.

Literatur

Cain, S. (2012). *Quiet: The power of introverts in a world that can't stop talking.* Crown Publishing Group.

Francis, N. (2020, February 10). The importance of self-awareness for effective leadership. *CEO World Magazine.* https://ceoworld.biz/2020/02/10/the-importance-of-self-awareness-for-effective-leadership/. Zugegriffen: 23. Apr. 2023.

Schweiger, D. M. (1985). Measuring managerial cognitive styles: On the logical validity of the Myers-Briggs Type Indicator. *Journal of Business Research, 13*(4), 315–328.

Teil III

Vom langfristigen Wert Ihres MBA profitieren

8

Wie ein MBA Ihre Karriere voranbringen kann

Das Leben mag eine Schachtel Pralinen sein (um Forrest Gumps Metapher zu bemühen), aber ein MBA ist weitaus kohärenter: Er gleicht einem Eintopf, in dem sich die Zutaten vermischen und gegenseitig verstärken. Die Entscheidung für einen MBA stattet Sie mit einer dauerhaften Quelle an Motivation und Entschlossenheit aus, um in Ihrer Karriere exzellent zu sein. Ihre Karriere ist das Projekt Ihres Lebens, und der MBA ist eine der besten Möglichkeiten, dafür ein solides berufliches Fundament zu legen.

Zwei zentrale Gründe, warum MBA-Absolventinnen und -Absolventen in ihrer Karriere erfolgreich sind, liegen in den beiden wichtigen Schritten, die dem Beginn eines MBA-Studiums vorausgehen: Ihre subjektive Selbstselektion (die eigene Entscheidung, sich mit dem MBA auseinanderzusetzen, einschließlich der Selbsteinschätzung, dass Sie dafür geeignet sind), gefolgt von der strengen und objektiveren Auswahl durch das Zulassungsteam der Hochschule. Nur die besonders Zielstrebigen unter uns wählen sich selbst für einen MBA aus – dies ist ein entscheidender Ausgangspunkt, der die Minderheit der potenziellen MBA-Studenten von der Mehrheit derjenigen unterscheidet, die nie einen MBA machen werden. Anschließend verkleinert das Auswahlverfahren diesen exklusiven Kreis weiter, ähnlich wie eine „Reduktion" beim Kochen das Volumen der Sauce verringert, die Zutaten konzentriert und den Geschmack intensiviert. So wird der MBA zu einer sich selbst erfüllenden Prophezeiung: Wer einen MBA begonnen hat, signalisiert sich selbst und der Welt, dass er oder sie bereit ist, im Geschäftsleben und im Leben erfolgreich zu sein.

Im Folgenden finden Sie die acht zentralen Komponenten, die unserer Ansicht nach den MBA als lebenslangen Karriere-Booster einzigartig positionieren.

1. Gelegenheit zum Aufstieg oder zur Neuorientierung

Es gibt verschiedene Metaphern, die die einzigartige Chance beschreiben, die der MBA bietet, um die Richtung zu wechseln oder die nächste Stufe auf der Karriereleiter zu erklimmen. Wir stellen Ihnen zwei dieser Metaphern vor,` um zu verdeutlichen, dass sich diese Gelegenheit nur einmal im Leben bietet.

- Die meisten Karrieren verlaufen linear: wie das Fahren auf einer Autobahn mit nur wenigen, weit auseinanderliegenden Ausfahrten. Der MBA hingegen schafft einen Kreisverkehr, von dem aus Sie in verschiedene Richtungen abbiegen können. Langfristig hilft der MBA zudem, entlang Ihrer beruflichen Laufbahn weitere Kreisverkehre zu schaffen, indem er Ihnen eine gewisse „opportunistische" (im positiven Sinne) Sichtweise auf die Welt vermittelt. Angesichts der volatilen, unsicheren, komplexen und mehrdeutigen (VUCA) Welt, in der wir leben, lehren einige innovative MBA-Programme (z. B. an der IE Business School, Madrid) „strategischen Opportunismus" als Erfolgsstrategie für die Karriere: Sie sollten ungefähr wissen, in welche Richtung Sie sich entwickeln möchten, aber stets offen für Optionen bleiben, falls sich eine Gelegenheit bietet, die von Ihrer ursprünglichen Richtung abweicht. In der Unternehmensgründung wird ein solcher Richtungswechsel als „strategischer Pivot" bezeichnet. Erfolgreiche Start-ups müssen oft mehrere strategische Pivots vollziehen, bis sie ihre Marktnische finden und ein Product-Market-Fit erreichen. Auch Sie können Ihre Karriere als das Start-up Ihres Lebens betrach-

ten und sich die Freiheit bewahren, an jedem Kreisverkehr auf der Autobahn des Lebens neu zu justieren und die Richtung zu ändern.
- Im Bild des schnellen Vorankommens gehen Formel-1-Autos zum Reifenwechsel in die Boxengasse. Der MBA bietet eine vergleichbare Gelegenheit, Ihre Karriereziele zu überdenken und die Richtung zu ändern, wenn Sie die „abgefahrenen Reifen" abwerfen und den Gang (also die Karriere) wechseln möchten.

2. Selbstbewusstseins-Booster
Der MBA hilft Ihnen, zwei Arten von Selbstvertrauen aufzubauen, die einen entscheidenden Unterschied für Ihre Karriere machen können: den Mut, sich zu äußern und hervorzutreten, sowie die Offenheit und Bereitschaft, sich mit anderen zu vergleichen. Der MBA macht Sie nicht nur durch die Integration in verschiedene Executive-Netzwerke für die Welt sichtbarer; er verschafft Ihnen auch Einblicke in die Geschäftswelt und ein besseres Verständnis dafür, wie andere Karrieren verlaufen. Der MBA macht Sie mit Sichtbarkeit vertraut und lehrt Sie, diese gezielt einzusetzen, um maximale Wirkung in Ihrer Karriere zu erzielen: Er schärft Ihre Stärken und stärkt Ihr Selbstbewusstsein, um aufzufallen und gesehen und gehört zu werden.

Bertrand Russell sagte: „Fürchte dich nicht, in deiner Meinung exzentrisch zu sein, denn jede heute akzeptierte Meinung war einst exzentrisch."[1] MBA-Studierende und -Absolventen werden oft für ihr übersteigertes Selbstbewusstsein verspottet, etwa nach dem Motto: „Das Kennzeichen eines echten MBA ist, dass er oft Unrecht hat, aber selten Zweifel." – so Harvard-Professor Robert Buzzell (wobei es tatsächlich häufiger ein „er" als eine „sie" ist). Tatsächlich vermitteln MBA-Programme jedoch einen viel differenzierteren und wohlwollenderen Umgang mit Selbstbewusstsein: „Sprich, als hättest du Recht; höre zu, als hättest du Unrecht." – das heißt, das Bild einer entschlossenen Führungskraft zu vermitteln, die klare Entscheidungen trifft, dabei aber offen für Feedback bleibt und die Bereitschaft hat, die eigene Meinung zu ändern.

---

[1] Russell (o. J.).

Einige MBA-Professoren vermitteln eine Reihe einfacher psychologischer Tricks, um das Selbstvertrauen in entscheidenden Momenten zu stärken. Beispielsweise sollten Sie bei einem Vorstellungsgespräch frühzeitig ankommen, aber noch um das Gebäude laufen, sodass Sie erst kurz vor Beginn den Raum betreten und so Ihre physische Dynamik ins Gespräch mitnehmen. Und beim Sprechen sollten Sie mit aufrechter Brust stehen und vermeiden, die Hände in einer bittenden Haltung zu verschränken, um Ihr Selbstbewusstsein zu stärken.[2]

Einer der wesentlichen Unterschiede zwischen einem akademischen Masterabschluss und einem MBA besteht darin, wo beide Sie auf dem Kontinuum zwischen Denken und Handeln positionieren. Während beide Ihre analytischen Fähigkeiten fördern und Sie zu einem besseren „Thought Leader" machen, geht der MBA einen Schritt weiter und drängt Sie dazu, eine Grundhaltung einzunehmen, in der Sie nach der Analyse ins Handeln kommen (im Gegensatz zur Untätigkeit durch „Analyse-Paralyse"). Der MBA will daher nicht nur Thought Leader, sondern auch Action Leader hervorbringen.

Selbstbewusstsein bedeutet auch den Mut, sich möglichst objektiv mit anderen zu vergleichen, um sich an deren Fähigkeiten und Erfolgen zu messen und von ihnen zu lernen. Das hilfreichste Modell hierfür beschreibt der Dunning-Kruger-Effekt:[3] Überdurchschnittlich kompetente Menschen neigen dazu, andere zu überschätzen, während unterdurchschnittlich Kompetente sich selbst überschätzen. Und hier kommt der entscheidende Dreh, wenn Sie im Organizational-Behavior-Kurs vom Dunning-Kruger-Effekt erfahren: Menschen mit unterdurchschnittlichen Fähigkeiten sind oft großspurig – um sich von ihnen abzugrenzen, sollten Sie gegen-signalisieren (also das Gegenteil tun).

3. Acht MBA-Lernergebnisse

Jedes gute MBA-Programm definiert eine Reihe von Lernergebnissen, die die Studenten bis zum Abschluss erreichen müssen. Diese mögen

---

[2] Ohio State University (2009).
[3] Dunning (2011).

etwas abstrakt klingen (und werden den Studenten von den Programmverantwortlichen selten gezeigt), aber sie legen die strategischen Prioritäten des Programms fest. Lernergebnisse auf Bachelor-Niveau beziehen sich vor allem auf Fakten- und Theoriewissen; in weiterführenden Programmen stehen zunehmend Fähigkeiten und Kompetenzen im Mittelpunkt, ergänzt um Werte und Einstellungen. Diese zentralen Lernergebnisse sind die Meilensteine, auf denen Sie Ihre Karriere aufbauen. Im Folgenden finden Sie die acht, die in führenden MBA-Programmen weltweit am häufigsten vorkommen:

Kritisches Denken Kritisches Denken ist der hinterfragende Ansatz zur Informationsverarbeitung und Entscheidungsfindung. Zentrales Element ist die Fähigkeit, Annahmen (unausgesprochene Schlussfolgerungen) zu erkennen und zu hinterfragen – eine entscheidende Kompetenz, die universell einsetzbar ist, von der Bürokommunikation bis zur Vorstandssitzung. Besonders das Fach Organizational Behavior fördert diese Fähigkeit, da der Fokus auf interpersonellen und kulturellen Unterschieden verdeutlicht, wie unterschiedlich wir die Welt wahrnehmen. Der Abschnitt „Analysis of an Argument" im GMAT-Test ist eine gezielte Übung zur Identifikation von Annahmen – so üben Sie dies bereits vor Beginn Ihres MBA-Studiums.

Globales Mindset Selbst lokale MBA-Programme, die in der Landessprache unterrichtet werden, verfolgen das Ziel, bei den Studenten ein globales Mindset zu entwickeln: durch internationale Fallstudien, Simulationen, Studienreisen, Gastvorträge usw. Wenn Sie eine Liste aller Fallstudien führen, die Sie im MBA bearbeitet haben, können Sie selbst den skeptischsten Recruiter beeindrucken.

Strategisches Denken Nicht alle Probleme erfordern strategisches Denken. Manche lassen sich durch das Befolgen einer vorgegebenen Handlungsanleitung (oder durch Gewohnheiten im Alltag) lösen. Andere können durch Benchmarking mit bestehenden Praktiken (Nachahmung) bewältigt werden. Komplexe Herausforderungen höherer Ordnung hingegen verlangen strategisches Denken, das Henry Mintzberg eher als Synthese („die Punkte verbinden") denn als Analyse („die Punkte finden") definiert.[4]

MBA-Programme vermitteln Ihnen auf sehr praktische Weise, wie Sie die richtigen Bedingungen für strategisches Denken schaffen: indem Sie sich regelmäßig von alltäglichen Aufgaben abkoppeln und sich zurückziehen oder einfach alle Geräte für einen Tag ausschalten, um Störungen zu minimieren und so einen Zustand des „Flows" zu erreichen. Dies ähnelt der Regeneration von Weideflächen: Man muss die Fläche sperren, damit sie sich von den Tritten der Tiere erholen kann.

Unternehmergeist Die London Business School vergleicht Unternehmertum im MBA mit dem Schwimmbecken eines Clubs: Unterschiedliche Menschen nutzen es auf unterschiedliche Weise, vom Planschen bis zum sportlichen Bahnenschwimmen. Ebenso gründen manche MBA-Studenten eigene Start-ups (die sich zu Scale-ups oder gar Unicorns entwickeln können), während andere unternehmerische Prinzipien und Innovation in ihrer Konzernkarriere anwenden (z. B. die „Lean Startup"-Prinzipien von Eric Ries).[5]

Ein weiteres Set an Metaphern verdeutlicht die Vorteile des Unternehmergeists: Während eine Konzernkarriere dem kontrollierten Flug eines Flugzeugs gleicht (Startbahn, Flugroute und Zielflughafen sind festgelegt), ähnelt ein unternehmerisches Vorhaben dem Flug eines Vogels (der überall starten, frei fliegen und überall landen kann). Diese Analogien werden durch den Hinweis verstärkt, dass jeder Manager im Konzern, der in Schwierigkeiten gerät (wenn das Flugzeug „abzustürzen" droht), den Schleudersitz betätigen und sich im Flug in einen Vogel verwandeln kann, indem er ein eigenes Start-up gründet.

Kollaborative Führung und Teamarbeit Führung zu lehren ist wie das Impfen von Wolken durch ein Flugzeug, um künstlichen Regen zu erzeugen: Ist genügend Feuchtigkeit in der Atmosphäre, kann der Eingriff

---

[4] Mintzberg (1994).
[5] Ries (2011).

Regen auslösen, der zu einem mächtigen Strom anwächst. Ebenso hilft Ihnen ein Leadership-Professor, vorhandene Führungserfahrungen aus Ihrem Leben vor dem MBA durch Selbstreflexion zu bündeln und gezielt zur Stärkung Ihrer Führungsfähigkeit einzusetzen.

Ein MBA-Programm fördert zudem ein praktisches Verständnis für Teamarbeit und flache Hierarchien durch die Vielzahl an Gruppenprojekten, an denen die Studenten teilnehmen.

Effektive Kommunikation Zu den wichtigsten kommunikativen Fähigkeiten, die ein MBA-Studium vermittelt, gehören unter anderem:

- Wertschätzung von Small Talk als soziales Schmiermittel auf allen Ebenen, insbesondere als zentrales Element zur Ausstrahlung von Seniorität in westlichen Kulturen
- Die STAR/SOAR-Erzählmethoden (siehe Kap. 5), mit denen sich jede Geschichte in vier Sätzen zusammenfassen lässt
- Die Fähigkeit, Informationen zu strukturieren, indem sie in Executive Summaries, prägnante E-Mail-Betreffzeilen, nummerierte Listen (bevorzugt gegenüber Aufzählungspunkten) und Visualisierungshilfen wie Metaphern und Memes verdichtet werden, die das Wesentliche einer Situation erfassen
- Präsentationskompetenz, einschließlich des souveränen Umgangs mit der eigenen Bühnenpräsenz
- Die Fähigkeit, den sogenannten „Flughafen-Test" aus der Beratungsbranche zu bestehen: Wenn Sie mit einer Kollegin oder einem Kollegen am Flughafen stranden, finden Sie genügend interessante Gesprächsthemen, um die Wartezeit von sechs Stunden bis zum nächsten Flug zu überbrücken?

Verhandlungsführung Ein MBA vermittelt Ihnen eine Reihe von Werkzeugen für Verhandlungen, zum Beispiel die Fähigkeit, eine starke BATNA (Best Alternative to a Negotiated Agreement) zu signalisieren, ohne jemals den eigenen „Reservation Price" (den Punkt, an dem man die Verhandlung abbricht) preiszugeben. Noch wichtiger sind jedoch zwei zentrale Erkenntnisse, die das MBA-Studium hinterlässt:

- Alles im Leben ist bis zu einem gewissen Grad verhandelbar. Wenn Sie sich dessen bewusst sind und das nötige Selbstvertrauen haben, können Sie in Verhandlungen eintreten – sei es bei der Gehaltsverhandlung mit Ihrer Vorgesetzten oder bei der Vertragsverhandlung für eine CEO-Position mit einem Auswahlgremium.
- Der Erfolg einer Verhandlung hängt maßgeblich von der investierten Vorbereitungszeit ab. Unabhängig davon, welche Werkzeuge und Modelle Sie im Vorfeld nutzen: Wenn Sie sich gründlich vorbereiten und die Themen im Voraus durchdenken, zahlt sich der Zeitaufwand aus.

Ethik und Nachhaltigkeit in der Entscheidungsfindung Die meisten guten MBA-Programme vermitteln Ethik und Nachhaltigkeit fast unmerklich: nicht als eigenständigen Kurs, sondern indem sie alle Lehrveranstaltungen, Projekte und Aktivitäten mit ethischen Fragestellungen und Nachhaltigkeitsaspekten durchdringen. Darüber hinaus festigt eine gute Dozentin oder ein guter Dozent das Gelernte durch die wiederholte Betonung der wichtigsten Punkte. Am Ende des MBA-Studiums sollten Sie das Gefühl haben, über ein solides Verständnis von Wirtschaftsethik zu verfügen, das auch dem Test standhält, den Benjamin Franklin einst in einem Zitat formulierte: „Es ist schwer für einen leeren Sack, aufrecht zu stehen."[6] Eine zentrale Lehre der Wirtschaftsethik lässt sich als Warnung zusammenfassen: „Tun Sie nichts, was Sie nicht auf der Titelseite Ihrer Lokalzeitung lesen möchten."

Wie Sie an der kurzen Beschreibung dieser acht Lernergebnisse sehen, bilden sie ein solides Fundament für eine erfolgreiche Karriere.

4. Werkzeugkasten an Frameworks

Sokrates verglich den menschlichen Geist mit einer Voliere, in der jedes Wissenselement ein anderer Vogel ist. Er wies jedoch auf eine Schwierigkeit hin: Selbst wenn Sie der Besitzer dieser Voliere sind, landen die Vögel nicht immer auf Ihrer Schulter, wenn Sie sie rufen. In ähnlicher

---

[6] Franklin (o. D.).

Weise vermittelt Bildung Wissen, aber der MBA geht einen Schritt weiter und liefert Ihnen praktische Werkzeuge und Frameworks, die sich leicht abrufen und im Berufsleben anwenden lassen. Diese Frameworks sind die Vögel, die (fast) immer auf Ihrer Schulter landen, wenn Sie sie brauchen.

Die „2×2"-Matrix ist das Arbeitspferd der Managementausbildung und der Unternehmenswelt.[7] Die meisten Herausforderungen lassen sich auf das Zusammenspiel von zwei Faktoren reduzieren, woraus sich vier Strategien in den jeweiligen Quadranten ergeben. Es gibt Hunderte nützlicher Matrizen, und Sie werden im Laufe der Zeit Ihre eigenen Favoriten sammeln. Ein Beispiel: Fast alle Unternehmen nutzen die Growth-Share-Matrix (auch bekannt als BCG-Matrix)[8], die die Produkte eines Unternehmens in vier Kategorien einteilt: Question Marks (hohes Wachstum, geringer Marktanteil), Stars (hohes Wachstum, hoher Marktanteil), Cash Cows (geringes Wachstum, hoher Marktanteil) und Dogs (geringes Wachstum, geringer Marktanteil).

Mit Blick auf die Funktionsweise des menschlichen Geistes macht der MBA Sie mit einer Vielzahl von Verhaltens- bzw. kognitiven Verzerrungen vertraut, die Ihnen helfen, Freunde und Familie, Kolleginnen und Kollegen, Wettbewerber – und nicht zuletzt sich selbst – besser zu verstehen. Eine Übersicht von 188 kognitiven Verzerrungen listet die wichtigsten auf.[9] Beispiele sind: Anker-Effekt (man orientiert sich stark an der ersten Information, die man erhält), Verfügbarkeitsheuristik (man erklärt die Welt anhand dessen, was einem gerade einfällt), oder der bemerkenswerte Pygmalion-Effekt (man erbringt bessere Leistungen, wenn andere hohe Erwartungen an einen stellen).

Das einfachste Denkmodell ist das Benchmarking: Schauen Sie, was andere Unternehmen und Menschen tun, und probieren Sie es selbst aus, anstatt jedes Mal das Rad neu zu erfinden. Bismarck sagte: „Nur ein Narr lernt aus eigenen Fehlern. Der Kluge lernt aus den Fehlern der

---

[7] McDonald und Leppard (1993).
[8] BCG (o. D.).
[9] Desjardins (2021).

anderen."[10] Das leuchtet auch ohne MBA ein, doch Ihr MBA-Studium wird diese Botschaft mit zwei politischen Heuristiken weiter untermauern: Wenn Sie eine erfolgreiche Strategie vom Wettbewerber kopieren und sie scheitert, werden Sie weniger zur Verantwortung gezogen (oder entlassen), als wenn Sie eine eigene Strategie entwickelt hätten. Und um sich noch weiter von den Folgen eines Misserfolgs zu distanzieren, können Sie eine Unternehmensberatung mit dem Benchmarking beauftragen und sich den empfohlenen Weg vorschlagen lassen. In der Geschäftswelt heißt es, dass noch niemand entlassen wurde, weil er McKinsey engagiert hat (sofern man es sich leisten kann). Wenn eine Strategie scheitert, gibt man den Beratern die Schuld daran – was, so heißt es, einer der akzeptierten Gründe für die Existenz von Beratern ist: Sie übernehmen die Verantwortung für das Scheitern.

All diese Frameworks sind mentale Abkürzungen: Denkwerkzeuge und Entscheidungsmodelle, die Sie während Ihrer gesamten Karriere begleiten werden. Und wenn Sie Ihre persönliche Sammlung solcher Frameworks auf dem Handy oder in der Cloud speichern, haben Sie sie immer griffbereit und laufen nie Gefahr, dass der Vogel in der Voliere nicht auf Ihrer Schulter landet.

5. Globales Karrierenetzwerk
Ein MBA schafft nicht nur ein, sondern gleich drei globale Karrierezentren: das Career Center der Business School, die Business School als Ganzes und die Universität als Ganzes (sofern die Schule Teil einer Universität ist). Alle drei unterstützen Sie auf unterschiedliche Weise. Das Career Center ist dafür zuständig, Sie bei Kontakten und Empfehlungen zu unterstützen (nach dem Abschluss haben jedoch die aktuellen Studierenden Vorrang); die Business School organisiert Veranstaltungen, die Sie nutzen können, und Ihr Netzwerk aus Professorinnen und Professoren kann ebenfalls Kontakte vermitteln und Jobmöglichkeiten eröffnen; und die universitären Veranstaltungen, auch wenn sie nicht so gezielt auf die Unternehmenswelt ausgerichtet sind, können zu wertvollen Zufallsbegegnungen führen.

---

[10] Von Bismarck (o. D.).

Business Schools ähneln in vielerlei Hinsicht sozialen Clubs (Londoner Prägung) und Country Clubs (amerikanischer Prägung): Sie sind Orte, an denen Menschen sich treffen und vernetzen. Sie sollten jedoch immer bedenken, dass die Anziehungskraft Ihrer Business School in der Stadt, in der sie ansässig ist, am stärksten ist – aufgrund der Vielzahl an Kontakten und der Konzentration von Alumni, Arbeitgebern und Lehrenden. Und wenn Ihre Schule in einer globalen Metropole angesiedelt ist, umso besser für Ihre Karriere, denn dann ist die Wahrscheinlichkeit höher, dass Sie in einer Konzernzentrale arbeiten. Karrieren entwickeln sich in der Zentrale oft schneller, weil man dort physisch näher an den Entscheidungsprozessen, den Schlüsselpersonen und sogar an zufälligen Gesprächen an der Kaffeemaschine ist – Gespräche, die (mitunter zufällig) Türen zu Beförderungen und Führungsaufgaben öffnen können.

6. Unterstützung durch Alumni-Netzwerke
Angesichts der Bedeutung von Alumni widmen wir diesem Thema ein eigenes Kapitel, geben Ihnen hier aber einen kurzen Einblick aus historischer und geografischer Perspektive. Die Association of MBAs (AMBA) wurde 1967 in London als globaler Club für MBA-Absolventen gegründet. Vor dem Internetzeitalter wurde jährlich ein Verzeichnis aller Mitglieder mit Kontaktdaten nach Schule, Stadt und Branche gedruckt. Heute ist ein solches Verzeichnis dank LinkedIn und anderer Plattformen nicht mehr nötig. Dennoch verdeutlicht dies einen wichtigen Punkt: MBA-Netzwerke existieren weltweit in unterschiedlich ausgeprägten, oft informellen Strukturen – ähnlich wie das unterirdische Myzel von Pilzen die Wurzeln von Bäumen verbindet und sie mit Nährstoffen versorgt. An manchen Schulen sind diese Netzwerke sogar formalisiert: Eine der führenden Business School in Madrid, IE (Instituto de Empresa), hat in rund 30 wichtigen Städten weltweit offizielle Vertreter/Ländermanager, die sich vor Ort um Alumni-Belange (und auch um Recruiting) kümmern.

Der MBA lehrt Sie auch, wie Sie das Alumni-Netzwerk optimal nutzen: indem Sie gezielt Kontakt aufnehmen und relevante Personen zu einem Kaffee oder Mittagessen einladen; indem Sie gemeinsame Anknüpfungspunkte suchen, die Nähe schaffen; indem Sie um Mentoring bitten usw. Eine hervorragende Strategie, um mit wichtigen Alumni in Kontakt zu bleiben, ist die Mitarbeit in allen Gremien, in die Sie aufgenommen werden: im Alumni-Komitee, im Beirat, im Kuratorium – und das nicht nur an Ihrer eigenen Alma Mater, sondern auch an anderen Institutionen.

7. Plattform für lebenslanges Lernen

Indem das MBA-Studium Ihnen eine solide Grundlage in über einem Dutzend Fachgebieten vermittelt und Ihnen die Geschwindigkeit des Wandels sowie die Entstehung neuen Wissens in diesen Bereichen aufzeigt, bereitet es Sie auf ein lebenslanges Lernen vor. Dies ist im heutigen Arbeitsmarkt von entscheidender Bedeutung, da viele der aktuellen Berufe bis vor Kurzem noch gar nicht existierten (Hallo, Instagram-Influencer!). Manche Experten kritisieren den Begriff „lebenslanges Lernen" und bevorzugen stattdessen „Lernen als Lebensstil", um die Leichtigkeit zu betonen, mit der sich Lernen in Berufs- und Familienleben integrieren lässt. Die Aalto Business School in Finnland (insbesondere bekannt für Design und Design Thinking) spricht sogar von „lebensweitem Lernen", um die unterschiedlichen Kontexte hervorzuheben, in denen Lernprozesse stattfinden. Unabhängig von der Bezeichnung ist die Botschaft klar: Lebenslanges Lernen ist – in welcher Form und unter welchem Namen auch immer – essenziell für Ihre berufliche Entwicklung.

Massive Open Online Courses (MOOCs) verzeichneten Mitte der 2010er Jahre ein enormes Wachstum auf Plattformen wie Coursera, während stapelbare Zertifikate (Kurse, für die Sie Leistungspunkte erhalten, die später anderweitig anrechenbar sind) seit Beginn der Covid-19-Pandemie an Business Schools immer beliebter wurden. Beide Formate sind Teil einer Ausrichtung auf lebenslangen Lernens, wobei MBA-Absolventinnen und -Absolventen mehr Wert auf Flexibilität und einfachen Zugang legen als auf die damit verbundenen akademische Anerkennung. Auch wir befürworten diese flexiblen Lernformate, einschließlich der Möglichkeit, MBA-Programme zu konzipieren, die aus einer Reihe stapelbarer Zertifikate bestehen (was allerdings noch Zukunftsmusik ist). Eine innovative Idee, die dieses Konzept zeitlich ausdehnt, sind sogenannte „Degrees for Rent": MBA-Programme werden dabei als initiale, intensive Lernphase gestaltet, gefolgt von Wahlfächern, die sich über Jahre oder Jahrzehnte erstrecken. Um den MBA-Status zu erhalten, ist es verpflichtend, regelmäßig neue Kurse zu absolvieren (wie einer der Autoren des Buches in einem Interview mit der Financial Times beschreibt).[11] Diese Idee macht die Schwächen der aktuellen Situation deutlich (ein Abschluss zu Beginn, ohne dass ein späteres Auffrischen oder Aktualisieren erforderlich ist).

Ganz praktisch sollten Sie direkt nach Ihrem Abschluss prüfen, ob Ihre Hochschule MBA-Wahlfächer für Alumni kostenlos oder gegen eine geringe Gebühr anbietet. Viele Schulen tun dies, um die Verbindung zu ihren Absolventinnen und Absolventen aufrechtzuerhalten – es sei denn, sie verfügen über ein umfangreiches Executive-Education-Angebot und befürchten, dass kostenlose oder günstige Wahlfächer die Nachfrage nach teuren Executive-Education-Kursen untergraben könnten. Andererseits nutzen manche Schulen die MBA-Wahlfächer als „Appetizer" für das Executive-Education-Portfolio – ein genauer Blick lohnt sich also. Alumni nehmen zudem gerne an internationalen Studienreisen teil, die für aktuelle MBA-Studenten organisiert werden, und einige Schulen begrüßen die Teilnahme von Alumni (insbesondere, wenn die Gruppe der aktuellen Studenten nicht zu groß ist).

Ein letzter praktischer Tipp: Bewahren Sie Ihre MBA-Vorlesungsunterlagen auf und lassen Sie nicht zu, dass Ihr Partner oder Ihre Partnerin sie entsorgt (wir sprechen aus Erfahrung). Der Inhalt mag in 20 Jahren veraltet sein, aber genau das ist der Punkt – er dient als Vergleichsbasis und Erinnerung daran, wo Sie angefangen haben und wie weit Sie in zwei Jahrzehnten gekommen sind.

Lebenslanges Lernen ist eine Philosophie des (im übertragenen Sinne) „Hungrigbleibens", ganz im Sinne des berühmten Zitats von Steve Jobs: „Stay hungry! Stay foolish!"[12] In gewisser Weise ähnelt diese Philosophie der Geschichte der ko-evolutionären Entwicklung von Mensch und Hütehund: Menschen haben Hunde wie Labradore über Jahrtausende so gezüchtet, dass sie immer hungrig sind und dadurch gehorsame Helfer des Menschen wurden (der sie für eine erledigte

---

[11] Moules (2019).
[12] Jobs (2005).

Aufgabe mit einem Leckerbissen belohnte). Ähnlich hat der Arbeitsmarkt uns alle zu „hungrigen Lernern" gemacht – wer aufhört zu lernen, bleibt auf der Strecke und wird weniger beschäftigungsfähig.

Wir schließen dieses Thema mit einer letzten Metapher: Lebenslanges Lernen ist wie das Aufpoppen von Popcorn in der Mikrowelle. So wie manche Studierende motivierter oder schnellere Lerner sind als andere, poppt in der Mikrowelle des lebenslangen Lernens manches Korn früher, manches später. Doch jeder ist in der Lage, ein lebenslanger Lerner zu sein: Man muss das Korn nur lange genug in der Mikrowelle lassen, dann wird es schließlich zu Popcorn.

8. Ein Vermächtnis hinterlassen

Jack Ma, der Gründer von Alibaba, rät jungen Absolventinnen und Absolventen, ihren Fokus während einer 40-jährigen Karriere immer wieder zu verlagern:[13] In den Zwanzigern: in ein gutes Unternehmen einsteigen und lernen; in den Dreißigern: eigene Projekte (Start-ups) ausprobieren; in den Vierzigern: die eigenen Stärken ausbauen und das tun, worin man gut ist; und in den Fünfzigern: über das eigene Vermächtnis nachdenken, indem man die nächste Generation junger Menschen unterstützt.

Wir verfügen zwar nicht über Daten dazu, wie MBA-Absolventinnen und -Absolventen diese Phasen durchlaufen, aber eine Studie aus dem Jahr 2019 zeigt, dass amerikanische Frauen mit Hochschulabschluss ihr Einkommensmaximum im Alter von 44 Jahren erreichen, während US-amerikanische Männer mit Hochschulabschluss ihren Einkommenshöhepunkt mit 55 Jahren erreichen.[14] Unabhängig von der geschlechtsspezifischen Differenz ist auch wichtig: Selbst wenn Menschen in Bezug auf Position in der Unternehmenshierarchie und Verdienstpotenzial ihren Karrierehöhepunkt erreichen, bedeutet das nicht zwangsläufig, dass sie auch in ihrer tatsächlichen Wirkung auf die Welt gleichzeitig ihren Höhepunkt erreichen. Das spiegelt sich auch in Jack Mas Rat für die Karriere in den Fünfzigern wider: Mit dem Erfahrungsschatz aus

---

[13] Mejia (2018).
[14] Perez (2019).

den vorangegangenen drei Jahrzehnten kann man seine Wirkung auf die Gesellschaft maximieren, indem man andere in ihrer Karriere unterstützt und so seine Spuren in der Welt hinterlässt. Im Marathonlauf gibt es eine interessante Analogie: Manche Profis laufen die zweite Hälfte des Marathons schneller als die erste (eine bewusste Strategie, bekannt als „Negative Split"). Mit dieser Metapher für Wirkung im Hinterkopf ist es inspirierend, darüber nachzudenken, ob die zweite Lebenshälfte nicht noch wirkungsvoller für die Welt sein kann als die erste.

Es gibt noch eine weitere Perspektive: Jeder, der ein führendes MBA-Programm abgeschlossen hat, hat enorm von der Großzügigkeit und Hilfsbereitschaft anderer profitiert – durch Ratschläge, Unterstützung und Mentoring. Neben der Dankbarkeit gegenüber denjenigen, die Sie unterstützt haben („pay back"), sollten Sie auch durch „pay forward" der nächsten Generation die gleiche Unterstützung zukommen lassen. Diese Strategie ist philanthropisch, aber nicht völlig uneigennützig: Ihre spätere Karriere kann einen unerwarteten Schub erhalten, wenn die Führungsebene Ihres Unternehmens sieht, dass Sie sich gesellschaftlich engagieren und Gutes tun.

Zusammenfassung

Wir stellen den MBA als einmalige Gelegenheit dar, neue Horizonte zu entdecken und Ihrer Karriere neue Impulse zu geben. In diesem Sinne ist ein MBA für immer – so wie „Diamonds are forever". Die Parallelen zwischen MBAs und Diamanten gehen jedoch noch weiter. Zu Beginn dieses Kapitels haben wir die zentrale Rolle der Selbstselektion hervorgehoben: Wer sich für ein MBA-Studium entscheidet, ist bereits ein Edelstein, ein Rohdiamant. Das MBA-Studium schleift diesen Diamanten, indem es Hunderte von Facetten schafft und ihn poliert, um maximale Brillanz zu erzielen. Wie ein geschliffener Diamant wird auch eine Person mit abgeschlossenem MBA auf dem Markt wertvoller.

Abschließend noch eine letzte Analogie zwischen MBAs und Diamanten: Diamanten sind deshalb so brillant, weil sie Licht aus vielen verschiedenen Winkeln reflektieren; und MBA-Absolventinnen und -Absolventen nutzen ihre erworbenen Fähigkeiten und ihre privilegierte

Position nicht nur, um die eigenen Interessen voranzubringen, sondern auch, um anderen zu helfen, in ihren vielfältigen Karrieren Außergewöhnliches zu erreichen.

Literatur

BCG. (n. d.). What is the growth share matrix? *BCG.* https://www.bcg.com/about/overview/our-history/growth-share-matrix. Zugegriffen: 23. Apr. 2023.

Desjardins, J. (2021, August 26). Every single cognitive bias in one infographic. *VisualCapitalist.* https://www.visualcapitalist.com/every-single-cognitive-bias/. Zugegriffen: 12. Mar. 2023.

Dunning, D. (2011). The Dunning–Kruger effect: On being ignorant of one's own ignorance. *Advances in experimental social psychology, 44,* 247–296.

Franklin, B. (n. d.). Benjamin Franklin quotes. *Goodreads.* https://www.goodreads.com/quotes/890653-it-is-hard-for-an-empty-sack-to-stand-upright. Zugegriffen: 23. Apr. 2023.

Jobs, S. (2005, June 12). Steve Jobs' 2005 Stanford commencement address. [Video]. *Youtube.* https://www.youtube.com/watch?v=UF8uR6Z6KLc&t=830s. Zugegriffen: 15. May. 2023.

McDonald, M., & Leppard, J. (1993). *Marketing by matrix: 100 practical ways to improve your strategic and tactical marketing.* NTC Business Book.

Mejia, Z. (2018, January 30). Self-made billionaire Jack Ma: How to be successful in your 20s, 30s, 40s and beyond. *CNBC.* https://www.cnbc.com/2018/01/30/jack-ma-dont-fear-making-mistakes-in-your-20s-and-30s.html. Zugegriffen: 12. Apr. 2023.

Mintzberg, H. (1994). The fall and rise of strategic planning. *Harvard Business Review.* https://hbr.org/1994/01/the-fall-and-rise-of-strategic-planning. Zugegriffen: 15. May. 2023.

Moules, J. (2019, January 3). Why MBAs should keep going back to school. *The Financial Times.* https://www.ft.com/content/257d9aa8-fd69-11e8-ac00-57a2a826423e. Zugegriffen: 12. Mar. 2023.

Ohio State University. (2009, October 5). Body posture affects confidence in your own thoughts, study finds. *Science Daily.* https://www.sciencedaily.com/releases/2009/10/091005111627.htm. Zugegriffen: 23. Apr. 2023.

Perez, T. (2019, June 4). Earnings peak at different ages for different demographic groups. *Payscale.* https://www.payscale.com/research-and-insights/peak-earnings/. Zugegriffen: 15. May 2023.

Ries, E. (2011). *The lean startup: How today's entrepreneurs use continuous innovation to create radically successful businesses.* Crown Business.

Russell, B. (n. d.). Bertrand Russell quotes. *Goodreads.* https://www.goodreads.com/quotes/367-do-not-fear-to-be-eccentric-in-opinion-for-every. Zugegriffen: 23. Apr. 2023.

Von Bismarck, O. (n. d.). Otto von Bismarck quotes. *Goodreads.* https://www.goodreads.com/quotes/294225-only-a-fool-learns-from-his-own-mistakes-the-wise. Zugegriffen: 23. Apr. 2023.

9

Wie Sie vom Alumni-Netzwerk Ihres MBAs profitieren

Lebenslange Verbindungen

Die Wahl eines MBA-Programms gleicht eher einer Ehe als einem Date: Man bindet sich für lange Zeit – möglicherweise ein Leben lang – und nicht nur für die Dauer des Studiums. Der Grund dafür ist, dass gute Business Schools ihren Alumni zahlreiche Vorteile bieten, die von exklusiven Clubs über Co-Branding-Kreditkarten, mit denen man „dezent" signalisiert, dass man Absolvent einer renommierten Schule ist, bis hin zu privilegierten Angeboten für die Executive-Education-Programme der Schule reichen. Natürlich könnte man auch in Versuchung geraten, zu schauen, was andere Business Schools zu bieten haben. Um im Bild der Ehe zu bleiben: Nicht jede Ehe hält ein Leben lang und nicht jede Ehe ist immer treu.

Bevor Sie also „Ja" zu einem MBA-Programm sagen, sollten Sie an die Zeit nach dem Abschluss denken. Bedenken Sie dabei den bekannten Rat deutscher Eltern: „Drum prüfe wer sich ewig bindet, ob sich nicht was Besseres findet."[1] Im Englischen gibt es das Sprichwort:

---

[1] Das Original „Drum prüfe, wer sich ewig bindet. Ob sich das Herz zum Herzen findet. Der Wahn ist kurz, die Reu ist lang…" stammt aus Friedrich von Schillers 1880 berühmtem Gedicht „Die Glocke."

„marry in haste, repent at leisure." Wer einen MBA an einer bestimmten Business School absolviert, ist für den Rest seines Lebens „gebrandet", und die Alumni-Services, die man von den Schulen erwarten kann, unterscheiden sich erheblich. Die Entscheidung für ein MBA-Programm erfordert daher, die langfristigen Vorteile zu berücksichtigen – genauso wie man bei einem Date andere Kriterien anlegt als bei einer Ehe.

Leider scheint nur eine Minderheit der Bewerber die Bedeutung von Alumni-Netzwerken bei der Auswahl eines MBA-Programms zu erkennen. In einer weltweiten Umfrage unter Bewerbern an Business Schools fand das in London ansässige Bildungsberatungsunternehmen CarringtonCrisp heraus, dass nur 20 % der potenziellen Studenten Alumni-Informationen als wichtig genug erachteten, um sie auf der Website einer Business School zu platzieren.[2] Wir hoffen, Sie vom Gegenteil überzeugen zu können und Ihr Interesse an der Qualität von Alumni-Netzwerken bei der Auswahl einer Business School zu wecken. Ist dies der Fall, stellt sich die naheliegende Frage: Was zeichnet ein gutes Alumni-Netzwerk aus? Zwei wesentliche Merkmale sind sicherlich die internationale Reichweite und die Größe des Alumni-Netzwerks. Mit einem jährlichen Abschlussjahrgang von über 1000 MBAs, von denen 37 % international sind,[3] schneidet die Harvard Business School in beiden Kategorien gut ab. Sie verfügt über ein geschätztes Netzwerk von 80.000 Alumni weltweit. INSEAD, mit Standorten in Europa, Asien, dem Nahen Osten und Nordamerika, hat ebenfalls mehr als 1000 MBA-Absolventen pro Jahr. Auch dies führt zu einem weitreichenden Alumni-Netzwerk. Weitere große Alumni-Netzwerke finden sich an der Wharton School der University of Pennsylvania, der Kellogg School of Management an der Northwestern University und der Columbia Business School.[4]

---

[2] The Economist (2017).
[3] Cook (2021).
[4] Lake (2021).

Universitäre Alumni-Netzwerke

Viele Business Schools, die in eine größere Universität eingebettet sind, nutzen die Alumni-Plattform der Universität, um mit ihren MBA-Absolventen in Kontakt zu bleiben. In diesem Fall sollten Sie nicht nur das Alumni-Angebot der Business School, sondern auch das der Universität genau prüfen. Die Alliance Manchester Business School ist beispielsweise Teil der University of Manchester, die sich rühmt, die größte Alumni-Gemeinschaft aller Campus-Universitäten im Vereinigten Königreich zu haben – mit mehr als 500.000 Absolventen in über 190 Ländern weltweit. Lokale Alumni-Koordinatoren der University of Manchester sind in über 50 Ländern aktiv, und manchmal ist die Universität mit mehreren Hubs in verschiedenen Städten oder Regionen vertreten.

Auch die Harvard Business School ist Teil der Harvard University, die mehr als 400.000 Alumni aus dem Undergraduate-Programm des Harvard College und einem Dutzend Graduate und Professional Schools zählt. Auf Universitätsebene gibt es fast 200 Harvard Clubs in über 70 Ländern. Darüber hinaus existiert eine große Vielfalt an Special Interest Groups (SIGs), die von Harvard Alumni for Agriculture und Harvard Alumni in Healthcare bis hin zum Harvard Alumni Disaster Preparedness and Response Team und der Harvard Alumni Peking and Chinese Opera Group reichen.[5]

Rankings von Alumni-Netzwerken

Da heutzutage kaum noch etwas in der Wissenschaft nicht gerankt wird, gibt es auch Rankings von Alumni-Netzwerken. Das Alumni-Ranking von Bloomberg BusinessWeek ist Teil einer umfangreichen jährlichen Umfrage unter Studenten, Alumni und Recruitern, die die Grundlage für das Gesamt-Ranking der Business Schools der Publikation bildet. Auf die Frage, ob „das Alumni-Netzwerk meiner Schule

---

[5] Harvard Alumni (n. d.).

mir beim Aufbau meiner Karriere geholfen hat", platziert Bloomberg BusinessWeek Stanford, Harvard und Dartmouth (Tuck) an der Spitze, wobei im Ranking jedoch ausschließlich US-amerikanische Business Schools berücksichtigt werden.[6] Im Gegensatz dazu umfasst das Alumni-Netzwerk-Ranking von FindMBA, einer von einem in Deutschland ansässigen Unternehmen betriebenen Website, auch einige nicht-amerikanische Hochschulen. Im Einklang mit dem BusinessWeek-Ranking führt FindMBA Stanford, Harvard und Dartmouth als die drei „stärksten" Alumni-Netzwerke auf, platziert dann jedoch die Henley Business School, INSEAD und HEC Paris auf den Rängen 4 bis 6.[7] Die Grundlage für das von FindMBA veröffentlichte Ranking bleibt jedoch im Dunkeln. In einem Artikel mit dem Titel „Who you know, not what you know" identifiziert The Economist schließlich 15 Business Schools mit den höchstbewerteten Alumni-Netzwerken.[8] Zwar werden in dem Artikel einige Vorteile von Alumni-Netzwerken genannt, wie Rabatte für Executive-Kurse, Publikationen und Finanzdienstleistungen, jedoch wird nicht auf die genaue Grundlage des Rankings eingegangen.

Rang	Business School	Land
1	Henley Business School	Vereinigtes Königreich
2	HEC School of Management Paris	Frankreich
3	INSEAD	Frankreich
4	University of Warwick – Warwick Business School	Vereinigtes Königreich
5	University of California at Berkeley – Haas School of Business	Vereinigte Staaten
6	Northwestern University – Kellogg School of Management	Vereinigte Staaten
7	New York University – Leonard N Stern School of Business	Vereinigte Staaten
8	Indiana University – Kelley School of Business	Vereinigte Staaten
9	University of Notre Dame – Mendoza College of Business	Vereinigte Staaten

---

[6] Bloomberg (o. J.).
[7] FIND MBA (o. J.).
[8] The Economist (2017).

Rang	Business School	Land
10	University of Navarra – IESE Business School	Spanien
11	Harvard Business School	Vereinigte Staaten
12	University of Southern California – Marshall School of Business	Vereinigte Staaten
13	London Business School	Vereinigtes Königreich
14	IMD – International Institute for Management Development	Schweiz
15	University of Chicago – Booth School of Business	Vereinigte Staaten

Während die Größe ein wichtiges Kriterium für das Dienstleistungsangebot von Alumni-Netzwerken ist, heben einige MBA-Berater die Stärken kleinerer Netzwerke hervor.[9] Sie argumentieren, dass die persönlichen Kontakte, die in kleineren Alumni-Vereinigungen geknüpft werden können, von höherer Qualität sind.

Freunde mit Vorteilen

Um zu entscheiden, welche Aspekte einer Alumni-Vereinigung in Ihrer individuellen Situation am nützlichsten sind, empfehlen wir, einen genaueren Blick auf die Vorteile zu werfen, die Sie von einem guten Alumni-Netzwerk einer Hochschule erwarten können. Natürlich fassen wir die Vorteile wieder unter acht Überschriften zusammen: Glückszahl – Sie kennen das Prinzip inzwischen.

1. Zugang zum Alumni-Netzwerk der Business School
Die finanziellen Hürden für die Mitgliedschaft in einem Alumni-Netzwerk sind gering. Nach dem Abschluss, in manchen Fällen bereits einige Monate davor, erhebt eine Alumni-Vereinigung in der Regel einen moderaten Jahresbeitrag von 20–100 € und bietet die Möglichkeit einer lebenslangen Mitgliedschaft. Tatsächlich sind einige Alumni-Netzwerke

---

[9] Lake (2021).

sogar komplett kostenlos.[10] Doch warum sollte man sich engagieren? In erster Linie erhalten Sie Zugang zu einflussreichen Mitgliedern der Alumni-Vereinigung. Prominente CEOs wie Elon Musk oder Warren Buffett gehören beispielsweise den Alumni-Netzwerken der Wharton Business School bzw. der Columbia Business School an. Auch wenn prominente Top-Manager, die an derselben Business School studiert haben, durchaus für Gesprächsstoff sorgen, ist es dennoch unwahrscheinlich, dass Sie diese für ein persönliches Gespräch erreichen können. Andererseits besteht die Möglichkeit, Kontakte zu Führungskräften in einer Branche oder einem Land zu knüpfen, das Sie besonders interessiert. Tatsächlich können auch weniger bekannte Persönlichkeiten aus einer für Sie relevanten Branche sehr hilfreich sein.

Ein weiterer wichtiger Aspekt des Zugangs zum Netzwerk ist die Häufigkeit und Qualität der von der Alumni-Vereinigung organisierten Treffen und Veranstaltungen. Wenn die einzige Aktivität des Netzwerks ein jährliches „Homecoming"-Treffen irgendwo in Texas ist und Sie in Singapur leben, ist das Netzwerk für Sie vermutlich weniger nützlich als ein Netzwerk mit einer aktiven Regionalgruppe in Singapur, die sich monatlich trifft. Dabei ist nicht nur die Häufigkeit der persönlichen Treffen entscheidend. Wichtig ist auch, ob und wie soziale Netzwerke auf Online-Plattformen genutzt werden. Heutzutage betreiben die meisten Alumni-Vereinigungen solche Netzwerke, etwa geschlossene Gruppen auf LinkedIn, doch die Häufigkeit und Qualität der Beteiligung in diesen Netzwerken variiert stark. Die meisten LinkedIn-Gruppen dienen eher als Mitgliederverzeichnis denn als Diskussionsplattform. Setzen Sie Ihre Erwartungen an die Aktivität dieser Gruppen daher niedrig an und nutzen Sie sie stattdessen, um herauszufinden, wer die Mitglieder sind und wie hoch deren Positionen sind. Wenn Sie etwas mit anderen Alumni besprechen möchten, ist es am besten, einzelne Personen direkt oder über die Empfehlung eines gemeinsamen Kontakts anzusprechen.

---

[10] Carlton (2022).

2. Zugang zu Career Services

Für viele MBA-Absolventinnen und -Absolventen ist der Abschluss ein Sprungbrett für den Einstieg in eine neue Position. Für Executive MBAs, die bereits berufstätig sind, bietet der MBA häufig die Möglichkeit, die aktuelle Position zu reflektieren, neue Horizonte zu erschließen und Optionen für einen Karrierewechsel oder eine Beschleunigung der Karriereentwicklung auszuloten. Alumni Career Services sind daher nicht nur für frisch graduierte MBAs, die nach dem Abschluss eine erste Anstellung suchen, von Nutzen, sondern ebenso relevant für erfahrene Führungskräfte, die bereits weit in ihrer Karriere fortgeschritten sind.

Trotz des potenziellen Nutzens von Career Services für erfahrene Führungskräfte öffnen Alumni-Organisationen ihre Angebote in der Regel auch MBA-Studierenden vor dem Abschluss. Die London Business School (LBS) beispielsweise bietet ein „Job Board" und eine „CV-Datenbank" an, die von Arbeitgebern durchsucht werden können. Bemerkenswert ist, dass das LBS-Alumninetzwerk eine wechselseitige Vereinbarung mit den Jobbörsen ausgewählter Partnerschulen hat, namentlich Harvard Business School, Kellogg, INSEAD, Stanford und Columbia. Selbst im Zeitalter von LinkedIn macht dies die Suche für Top-Arbeitgeber besonders attraktiv und verschafft MBA-Absolventinnen und -Absolventen eine größere Reichweite.[11] Führende europäische Business Schools wie INSEAD, HEC-Paris, IESE, LBS und die Rotterdam School of Management organisieren zudem gemeinsam (in zwei leicht unterschiedlichen Konstellationen) eine Asia Career Fair und eine LatAm Career Fair.

Bocconi bietet wie viele andere führende Business Schools Karriere-Coaching im Rahmen der Alumni-Services an, während die WU Wien ihren EMBA-Studierenden Executive Coaching als Teil des Programms ermöglicht. Auch dies unterstützt nicht nur Absolventinnen und Absolventen bei der Suche nach einer ersten Anstellung nach dem MBA, sondern richtet sich ebenso an Führungskräfte, die mit professionellen Coaches ihre Karriere reflektieren, einen Jobwechsel planen oder sich auf die nächste Beförderung vorbereiten möchten. Bocconi ergänzt das

---

[11] London Business School (o. J.).

Karriere-Coaching durch Trainingsseminare und Workshops zur persönlichen und beruflichen Entwicklung sowie durch Online-Selbsttests.[12]

Eng verwandt mit professionellem Coaching ist Mentoring. So bietet beispielsweise die Cox School of Business an der Southern Methodist University (Dallas, Texas) zwei Arten von Mentoring an. Beim sogenannten Flash Mentoring erhalten MBA-Studierende die Möglichkeit, ein intensives Gespräch mit einer Führungskraft aus dem Kreis der Cox-Alumni zu führen. Im anderen Ansatz werden MBA-Studierende für ein ganzes Jahr mit Alumni zusammengebracht. Während dieser Zeit können die Studierenden regelmäßig ihre Mentorinnen und Mentoren um Karriereberatung bitten.[13]

3. Zugang zu ausgewählten Kursangeboten

Lernen endet nicht mit dem Abschluss. In einem zunehmend turbulenten Umfeld, in dem technologische Veränderungen ganze Branchen zerstören oder neu entstehen lassen können, ist lebenslanges Lernen unerlässlich. Gute Alumni-Verbände unterstützen lebenslanges Lernen auf vielfältige Weise. Manche bieten Alumni eine begrenzte Anzahl von Plätzen in regulären MBA-Kursen an; andere öffnen ihre E-Learning-Plattformen und Diskussionsforen für Alumni oder gewähren Zugang zu von Professorinnen und Professoren bereitgestellten Lehrmaterialien. Alumni-Konferenzen zu spezifischen Themen oder Subgruppen, die sich auf bestimmte Branchen konzentrieren, fördern ebenfalls das lebenslange Lernen.

Nahezu alle Business Schools gewähren ihren Alumni Rabatte auf das Executive-Education-Portfolio. In den vergangenen Jahren hat sich die Natur dieser Kurse gewandelt. Umfassende, mehrwöchige Programme werden zunehmend durch kurze „Top-up"-Kurse zur Kompetenzentwicklung ersetzt, in denen die Teilnehmenden Zertifikate erwerben können. Rund 40 % der AACSB-akkreditierten Business Schools bieten

---

[12] Bocconi Alumni (o. J.-b).
[13] Kelly (2021).

Zertifikate auf Master-Niveau an.[14] Künftig könnten diese stapelbaren Zertifikate das gesamte Geschäftsmodell von Business Schools grundlegend verändern,[15] indem sie den einmaligen MBA-Abschluss durch ein lebenslanges Abonnementmodell ersetzen.

4. Zugang zu Webinaren
Webinare, auch als Webcasts bezeichnet, sind Teil eines Portfolios für lebenslanges Lernen, das jede MBA-Absolventin und jeder MBA-Absolvent nutzen sollte. Sie sind weniger zeitaufwendig als die Teilnahme an Präsenzkursen oder Online-Programmen. Webinare sind in der Regel relativ kurz und erfordern keine aktive Mitarbeit oder Hausarbeiten der Teilnehmenden. Mitglieder guter Alumni-Netzwerke haben meist kostenlosen Zugang zu einer Vielzahl von Webinar-Themen, die entweder von der Alumni-Organisation selbst oder von der jeweiligen Business School bzw. Universität angeboten werden. Wharton-Alumni erhalten beispielsweise Zugang zu einer Webcast-Bibliothek mit folgenden Themen:

- Analytics
- Volkswirtschaft & öffentliche Politik
- Entrepreneurship
- Finanzen
- Gesundheitswesen
- Internationales
- Recht & Ethik
- Leadership
- Management
- Marketing
- Operations, Information & Entscheidungen
- Persönliche & berufliche Entwicklung
- Technologie

---

[14] Thomas (2020).
[15] Schlegelmilch (2020).

Unter jedem Themenbereich finden Alumni eine Liste von etwa einem Dutzend einstündiger Webinare, die häufig von Wharton-Professorinnen und -Professoren moderiert werden. Stellen die Referierenden ihre Foliensätze zur Verfügung, bieten die Webcasts Download-Links an. Selbstverständlich können Alumni Webinare auch synchron, also als Live-Übertragung, oder asynchron, also als Aufzeichnung, verfolgen. Live-Webcasts haben den offensichtlichen Vorteil, dass die Informationen aktueller sind. Noch wichtiger ist, dass Live-Webcasts es Alumni ermöglichen, über eine Chatfunktion Fragen einzureichen, die von den Referierenden – soweit es die Zeit erlaubt – beantwortet werden.

Insgesamt sind hochwertige Webcasts ein Markenzeichen guter Alumni-Verbände und bieten ihren Mitgliedern einen echten Mehrwert – sei es, um sich über verschiedene Themen auf dem Laufenden zu halten, Karriereberatung zu erhalten oder sich mit Themen wie Personal Branding, Portfolio-Karriere, nachhaltigen Beziehungen und vielem mehr auseinanderzusetzen.[16]

5. Zugang zu exklusiven Veranstaltungen
Einige Alumni-Verbände sind in der Lage, ihren Mitgliedern exklusive Veranstaltungen zu bieten, bei denen sie mit Politikerinnen und Politikern oder Unternehmenslenkern in Kontakt treten können, die sonst schwer zugänglich sind. Beispiele reichen von einem Abend mit dem Botschafter des Sultanats Oman, organisiert vom Harvard Club of Washington[17]; über ein Dinner mit dem Geschäftsführer von Campari Deutschland, veranstaltet von Bocconi[18]; bis hin zu einem Vortrag mit anschließendem Empfang mit dem CEO von Xerox, organisiert von IESE Alumni.[19] Offensichtlich haben Alumni-Verbände von Business Schools mit starker Marke und/oder vorteilhafter Lage in einer Weltmetropole mehr Möglichkeiten, hochkarätige Rednerinnen und Redner für ihre Veranstaltungen zu gewinnen.

---

[16] INSEAD (o. J.).
[17] Harvard Club of Washington, DC (o. J.).
[18] Bocconi Alumni (o. J.-a).
[19] IESE Alumni (o. J.).

Exklusive Veranstaltungen beziehen sich jedoch nicht nur auf Events mit prominenten Persönlichkeiten. Manche Alumni-Clubs ermöglichen ihren Mitgliedern auch Zugang zu besonderen Gebäuden oder Orten. Dazu zählen etwa eine Backstage-Führung in einem berühmten Opernhaus, ein Besuch eines normalerweise nicht öffentlich zugänglichen Schlosses oder eine exklusive Weinverkostung in einem renommierten Weingut. Auch hier variiert die Qualität der von Alumni-Verbänden angebotenen Veranstaltungen erheblich und ist ein Indikator für deren Wert.

6. Abonnement von Newslettern der Business Schools
Ein gutes Alumni-Magazin oder ein Newsletter kann zusätzliche Vorteile bieten. Erstens erhalten Absolventinnen und Absolventen in der Regel ausgewählte Artikel zu beruflicher Entwicklung, Leadership und aktuellen Themen sowie Informationen über die Forschungsaktivitäten der Fakultät der Business School. Zweitens berichtet das Magazin oder der Newsletter über wichtige Ereignisse an der Business School und der Universität insgesamt und informiert Alumni über bevorstehende relevante Veranstaltungen. Drittens stiftet das Alumni-Magazin durch die Veröffentlichung von beruflichen und privaten Neuigkeiten (z. B. neue Positionen, Beförderungen, Hochzeiten) von Alumni eine Verbindung und ein Gefühl der Zugehörigkeit[20] unter den Absolventinnen und Absolventen.

Laut dem Council for Advancement and Support of Education (CASE) erscheinen die überwiegende Mehrheit der Alumni-Magazine online und werden meist nicht häufiger als zwei- bis dreimal pro Jahr verteilt.[21] Einige Magazine kombinieren Printausgaben mit Podcasts.[22] Während die meisten Business Schools den Vertrieb ihrer Alumni-Magazine auf Alumni beschränken, gibt es einige bemerkenswerte Ausnahmen. Das sehr beeindruckende Alumni-Magazin der Columbia University kann beispielsweise von jeder Person frei heruntergeladen

---

[20] Kester (2008).
[21] CASE (o. J.).
[22] Oleisky (2018).

werden.²³ Darüber hinaus bietet die Columbia Business School eine Online-Ressource mit Fachartikeln, Podcasts, Videos und Webinaren sowie ein Magazin, einen Forschungs- und einen Presseteil. Die Schule ist sich der strategischen Bedeutung der Alumni für die Studierendenrekrutierung und das Image-Building bewusst.

MBA-Alumni von AMBA-akkreditierten Business Schools haben zudem Zugang zum AMBA-Magazin „AMBITION", das sich an die MBA-Community im Allgemeinen richtet. AMBA veröffentlicht zehn Ausgaben des Magazins pro Jahr. Die Online-Version ist kostenlos, während die Printausgabe eine geringe Abonnementgebühr erfordert. Die Inhalte sind auf MBA-Absolventinnen und -Absolventen zugeschnitten und umfassen anspruchsvolle Artikel, Interviews mit Führungspersönlichkeiten aus Wirtschaft und Business Schools, Best-Practice-Fallstudien und praxisnahe Empfehlungen.²⁴

7. Zugang zu Alumni-Sportclubs und Freizeitveranstaltungen
Eine Reihe von Business Schools und Universitäten organisieren Veranstaltungen, die von Golfturnieren über Laufevents (Marathon, 5 km oder 10 km) bis hin zu Wasserball-Wochenenden für Alumni reichen. In der Regel stehen die mit einer Business School oder Universität verbundenen Sportclubs nicht ausschließlich Alumni offen, sondern auch aktuellen Studierenden. Insofern sind diese Clubs und Veranstaltungen nicht nur gut für die Gesundheit, sondern bieten auch Plattformen, um mit der eigenen Alma Mater in Kontakt zu bleiben und sich durch den Austausch mit Studierenden über aktuelle Entwicklungen auf dem Laufenden zu halten.

8. Zugang zu außergewöhnlichen Alumni-Vorteilen und Gelegenheiten zum Angeben
Alumni der University of California at Berkeley können ein ganze Bergvilla in der Sierra Nevada für Firmenveranstaltungen, Familientreffen oder Hochzeiten mieten – offenbar sogar dann, wenn der zukünftige

---

²³ Columbia Magazine (o. J.).
²⁴ AMBA (o. J.).

Ehepartner keinen Abschluss an einer Universität von Kalifornien hat. Absolventen von Oxford und Cambridge erhalten Zugang zu einem exklusiven, in London ansässigen Mitgliederclub mit dem kreativen Namen „Oxford and Cambridge Club" (vorausgesetzt, sie werden von zwei aktuellen Mitgliedern empfohlen). Die Washington State University betreibt einen Alumni-Weinclub, während ein Harvard-Abschluss den Weg zur Harvard Alumni World MasterCard® ebnet. Und falls eine MasterCard® zu unauffällig ist, können Absolventen der Thunderbird School of Global Management ein Thunderbird-Kennzeichen für ihr Auto erwerben – allerdings ist dies nur legal möglich, wenn das Fahrzeug im Bundesstaat Arizona zugelassen ist. Um Alumni dabei zu unterstützen, ihre Zugehörigkeit zur Business School zu zeigen, empfiehlt sich die Investition in einen Universitätsring. Die Tradition, einen „Jahrgangsring" zu erwerben, geht auf die United States Military Academy in West Point im Jahr 1835 zurück und ist bis heute vor allem in den USA verbreitet. Dennoch, Universitätsringe sorgen dafür, dass man „selbst in überfüllten Flughafenterminals weltweit" erkannt wird (wie eine Business School, die hier aus Gründen der Diskretion anonym bleiben soll, auf ihrer Alumni-Website behauptet). Falls eine Co-Branding-Kreditkarte, ein Autokennzeichen und ein Universitätsring noch zu dezent sind, kann man noch mehr Aufmerksamkeit erregen, indem man eine entsprechend gebrandete Universitäts-Baseballkappe, ein T-Shirt, eine Jogginghose trägt oder Kinderbekleidung für den Nachwuchs kauft. Kaum eine Branding-Möglichkeit bleibt von marketingaffinen Alumni-Managern ungenutzt.

Zusammenfassung

Viele potenzielle MBA-Bewerber unterschätzen die Bedeutung des Alumni-Netzwerks einer Business School bei der Wahl ihrer Hochschule. Wir sind der Meinung, dass dies kurzsichtig ist. Die Schule, die Ihnen den MBA verleiht, prägt Ihre persönliche Marke ein Leben lang, und die Vorteile, die Sie aus Ihrem Abschluss ziehen können, hängen maßgeblich von der Qualität des Alumni-Netzwerks und dessen Aktivitäten ab. Auch wenn in Zeiten sozialer Medien Kontakte über

LinkedIn und Facebook gepflegt[25] und Treffen über Meetup oder InterNations organisiert werden können, bieten Alumni-Vereinigungen ihren Mitgliedern weiterhin einzigartige Vorteile. Die Unterstützung durch andere Alumni bei der Jobsuche oder beim beruflichen Wechsel, der Zugang zu lebenslangen Karrieredienstleistungen, maßgeschneiderte Lernangebote sowie Möglichkeiten für Studierende und Alumni, miteinander in Kontakt zu treten, lassen sich durch soziale Medien nur schwer ersetzen. Vor allem aber ist es das Gefühl der Zugehörigkeit und Verwurzelung in einer zunehmend hektischen und transaktionalen Geschäftswelt, das Alumni-Vereinigungen wirklich wertvoll macht.

Literatur

AMBA. (n. d.) *Education & business magazine*. https://www.associationofmbas.com/ambition. Zugegriffen: 28. Okt. 2022.

Bloomberg. (n. d.) The best business schools as scored by alumni. *Bloomberg*. https://www.bloomberg.com/business-schools/2018/insights/alumni-scores/?leadSource=uverify%20wall#xj4y7vzkg. Zugegriffen: 24. Okt. 2022.

Bocconi Alumni. (n. d.-a). *A conversation with Andrea Neri*. https://www.bocconialumni.it/permalink/content/a-conversation-with-andrea-neri. Zugegriffen: 27. Okt. 2022.

Bocconi Alumni. (n. d.-b). *Career advice*. https://www.bocconialumni.it/career-advice. Zugegriffen: 25. Okt. 2022.

Carlton, G. (2022). Ten benefits of joining an alumni association. *TheBestSchools*. https://thebestschools.org/magazine/benefits-joining-alumni-association/#:~:text=Alumni%20associations%20typically%20cost%20%2420-%24100%20per%20year%20or,and%20alumni%20associations%20aren%27t%20just%20for%20recent%20graduates. Zugegriffen: 25. Okt. 2022.

CASE. (n. d.) *Alumni magazines: By the numbers*. https://www.case.org/resources/alumni-magazines-numbers. Zugegriffen: 28. Okt. 2022.

Columbia Magazine. (n. d.) *Homepage*. https://magazine.columbia.edu. Zugegriffen: 28. Okt. 2022.

---

[25] CUSEUM (2021).

Cook, S. (2021, November 3). Harvard MBA class profile | Breakdown. *BusinessBecause*. https://www.businessbecause.com/news/mba-class-profile/7419/harvard-mba-class-profile. Zugegriffen: 24. Okt. 2022.

CUSEUM. (2021, July 8). 5 tips to offer valuable alumni benefits in the twenty-first century. *CUSEUM*. https://cuseum.com/blog/2021/7/8/5-tips-to-offer-valuable-alumni-benefits-in-the-twenty-first-century. Zugegriffen: 30. Okt. 2022.

FIND MBA. (n. d.) Top 10 MBA programs with the most powerful alumni networks. *FIND MBA*. https://find-mba.com/lists/top-10-mba-programs-with-the-most-powerful-alumni-networks. Zugegriffen: 24. Okt. 2022.

Harvard Alumni. (n. d.) *Welcome to the Harvard Alumni Association*. https://alumni.harvard.edu/community. Zugegriffen: 24. Okt. 2022.

Harvard Club of Washington, DC. (n. d.) *Sold out: In person: An evening with the ambassador of the Sultanate of Oman, HE Moosa Hamdan Al Tai*. https://hcdc.clubs.harvard.edu/article.html?aid=2364. Zugegriffen: 27. Okt. 2022.

IESE Alumni. (n. d.) *Digital transformation: A conversation with Steve Bandrowczak, CEO at Xerox*. https://alumni.iese.edu/events/94934. Zugegriffen: 27. Okt. 2022.

INSEAD. (n. d.) *Career development*. https://www.insead.edu/alumni/career-development. Zugegriffen: 26. Okt. 2022.

Kelly, M. (2021, January 31). What to look for in an MBA alumni network. *Noodle*. https://resources.noodle.com/articles/what-to-look-for-in-an-mba-alumni-network/. Zugegriffen: 25. Okt. 2022.

Kester, E. (2008, December 1). Alumni: A sense of family in an increasing commercial world. *The Financial Times*. https://www.ft.com/content/f7d92238-bce2-11dd-af5a-0000779fd18c. Zugegriffen: 28. Okt. 2022.

Lake, S. (2021, July 16). The best MBA alumni networks. *Fortune*. https://fortune.com/education/articles/the-best-mba-alumni-networks/. Zugegriffen: 24. Okt. 2022.

London Business School. (n. d.) *Alumni*. https://www.london.edu/alumni. Zugegriffen: 25. Okt. 2022.

Oleisky, J. (2018, August 21). The staying power of alumni magazines. *Kalixmarketing*. https://kalixmarketing.com/staying-power-alumni-magazines/. Zugegriffen: 28. Okt. 2022.

Schlegelmilch, B. B. (2020). Why business schools need radical innovations: Drivers and development trajectories. *Journal of Marketing Education, 42*(2), 93–107.

The Economist. (2017, March 24). Who you know, not what you know. *The Economist*. https://www.economist.com/whichmba/mba-rankings/alumni-network. Zugegriffen: 24. Okt. 2022.

Thomas, P. (2020, Nov. 13; R6). The future of everything: The education issue – The constant M.B.A.: Elite business schools offer lifelong learning. *Wall Street Journal*, Eastern Edition, New York.

von Schiller, F. (1880). Das Lied von der Glocke. *teachSam*. http://teachsam.de/deutsch/d_literatur/d_aut/sci/sci_lyr/sci_lyr_bal/sci_ball_txt_1.htm. Zugegriffen: 17. May 2022.

10

Warum Sie schon jetzt über die langfristigen Auswirkungen Ihres MBA-Abschlusses nachdenken sollten

Überlegungen zur Zukunft beeinflussen Ihre Entscheidungen

Albert Einstein erklärte bekanntlich: „Ich denke nie an die Zukunft – sie kommt früh genug."[1] Mit zunehmendem Alter neigt man dazu, seiner Aussage immer mehr Verständnis entgegenzubringen. Dennoch vertreten wir die Auffassung, dass Sie als angehende MBA-Studentin oder MBA-Student gut beraten sind, sich Gedanken zu machen, welche langfristige Wirkung Sie erzielen möchten. Auch wenn die Zukunft schwer vorhersehbar ist, wird eine Vorstellung davon, in welchem Bereich Sie einen Unterschied machen wollen, Ihre Wahl der Business School und der Wahl Ihrer Wahlfächer maßgeblich beeinflussen.

---

[1] Einstein (1930).

Streben Sie nach einer Ikigai-Zukunft

Ein weiteres Argument, sich mit Ihrer langfristigen Wirkung auseinanderzusetzen, knüpft an das Ikigai-Konzept an, das im ersten Kapitel dieses Buches vorgestellt wurde. Es lässt sich durchaus argumentieren, dass Sie nicht nur auf dieser Welt sind, um Ihr Einkommen zu maximieren. Vielmehr steigern Sie Ihre Freude und Ihr Glück, wenn Sie Ihre Energie einem Bereich widmen, der sich im Schnittpunkt dessen befindet, was Sie gerne tun, worin Sie gut sind, was die Welt braucht und wofür Sie bezahlt werden können. Doch wie findet man dieses magische Feld, das den Schlüssel zum Lebenssinn birgt? Wie wir aus dem Kamasutra wissen, gibt es mehr als einen Weg zum Glück. Wir konzentrieren uns erneut auf acht große Bereiche (Glückszahl), in denen Sie einen Beitrag leisten könnten. Unser Ansatz deckt sich mit dem PESTELED-Framework, das im internationalen Management häufig genutzt wird, um die Analyse ausländischer Marktumfelder zu strukturieren und zu leiten.[2] Das Akronym steht im Englischen für Political, Economic, Social, Technological, Environmental, Legal, Ethical, and Demographics.

1. Politisch: Verbesserung von Regierung und öffentlicher Verwaltung

Ein wesentlicher Teil jedes MBA-Studiums ist in der Regel dem Thema Führung gewidmet. Dabei geht es um die Entwicklung von Kompetenzen, Fähigkeiten und Eigenschaften, die helfen, Menschen hinter einem gemeinsamen Ziel oder Zweck zu vereinen. Am Ende eines erfolgreichen MBA-Programms sollten Sie daher über ein solides Fundament verfügen, um Führung praktisch umzusetzen. Dies muss nicht zwangsläufig im Unternehmensumfeld geschehen, sondern kann auch in der Politik erfolgen. Tatsächlich passen ein MBA-Abschluss und eine anschließende Karriere in der Politik gut zusammen.[3] Zu den bekanntesten Beispielen zählen der ehemalige britische Premierminister Rishi Sunak (Stanford Graduate School of Business), der ehemalige

---

[2] Schlegelmilch (2022).
[3] Schiller (2011).

US-Präsident George W. Bush (Harvard Business School) und nicht zuletzt der ehemalige Premierminister von Tonga, Siaosi ʻOfakivahafolau Sovaleni (University of the South Pacific). Eine Erklärung für die zunehmende Präsenz von MBA-Alumni in der Politik ist der Bedarf an mehr Professionalität in der öffentlichen Verwaltung. Wenig überraschend sind die Meinungen über die Effektivität von MBA-Alumni in der Politik jedoch geteilt.[4] Wenn Sie eine Führungsposition in der Politik anstreben, sollten Sie Business Schools in Betracht ziehen, die einen Schwerpunkt im öffentlichen Sektor oder in der Verwaltung haben. An der George Washington School of Business beispielsweise gingen rund 12 % der MBA-Absolventen und Absolventinnen in den Staatsdienst.[5] Einige Business Schools, insbesondere die Saïd Business School in Oxford und die Carey Business School der Johns Hopkins University, bieten zudem die Möglichkeit, einen Doppelabschluss mit einem Master of Public Policy (MPP) oder einem Master of Arts in Government (MA) zu erwerben. Andere Hochschulen haben einschlägige MBA-Schwerpunkte, wie etwa die Schulich School of Business der York University, wo Studierende sich auf den „Public Sector" spezialisieren können, oder die Business School der University of Alberta mit der Vertiefung „Public Policy & Management". Darüber hinaus verzichten einige der führenden US-Business Schools unter bestimmten Bedingungen sogar ganz auf die Rückzahlung der Studiengebühren, wenn Sie nach dem Abschluss eine Tätigkeit im Staatsdienst aufnehmen und dort mehrere Jahre arbeiten. Zusammengefasst kann ein MBA eine hervorragende Grundlage für eine Karriere in einer Behörde oder in der Politik bieten.

2. Ökonomisch: Arbeiten in Industrie und Handel
Die Erkenntnisse der Volkswirtschaftslehre sind überwiegend theoretischer Natur und zielen darauf ab, einen Gesamtüberblick zu vermitteln. Obwohl MBA-Studierende von ihren Dozierenden meist eine stärkere Praxisorientierung erwarten, gibt es für Führungskräfte kaum etwas Nützlicheres als ein tragfähiges Rahmenwerk und eine fundierte

---

[4] Lister (2019).
[5] FIND MBA (n. d.-d).

Theorie. Wenn Sie zu den (künftigen) Managern gehören, die an einem tieferen theoretischen Verständnis interessiert sind, sollten Sie sich nach wirtschaftswissenschaftlich ausgerichteten MBA-Programmen umsehen. Solche Programme vertiefen Ihr Verständnis für den Einfluss ökonomischer Prinzipien auf Unternehmen und schärfen Ihre quantitativen Fähigkeiten. Dabei sollten Sie jedoch bedenken, dass der MBA ein interdisziplinärer Abschluss ist, der eine Vielzahl *betriebswirtschaftlich* relevanter Themen abdeckt. Die Tiefe der volkswirtschaftlichen Ausbildung ist daher geringer als bei einem reinen VWL-Studium, wie etwa einem MSc in Economics. Selbst MBA-Programme mit Schwerpunkt Volkswirtschaftslehre bieten diese meist als Spezialisierung oder Vertiefung nach einem breiten Pflichtcurriculum an.[6] Die Spezialisierung kann beispielsweise Kurse in Makroökonomie, Mikroökonomie, Mathematik und Statistik für Wirtschaftswissenschaften oder Ökonometrie umfassen. Zu den Business Schools mit wirtschaftswissenschaftlicher Vertiefung zählen unter anderem die Stern School of Business der New York University,[7] die Carlson School der University of Minnesota,[8] die University of Chicago,[9] und die IE Business School in Madrid,[10] um nur einige zu nennen.[11] Ein solides Verständnis der Volkswirtschaftslehre ist bereits zu Beginn Ihrer Karriere unerlässlich. Denken Sie nur an die Bedeutung der Ermittlung des Break-even-Points oder das Konzept der Preiselastizität der Nachfrage. Auch in späteren Karrierestufen, wenn Ihre Aufgaben zunehmend global ausgerichtet sind, profitieren Sie von volkswirtschaftlichem Know-how: von der Entwicklung von Strategien für Devisengeschäfte und Investitionsströme bis hin zum Abschluss internationaler Handelsabkommen. Auch wenn die wirtschaftswissenschaftlichen Schwerpunkte der MBA-Programme variieren, fördern sie

---

[6] MBA Central (n. d.).
[7] NYU Stern (n. d.).
[8] University of Minnesota (n. d.).
[9] Chicago Booth (n. d.).
[10] FIND MBA (n. d.-a).
[11] Weitere Business Schools mit wirtschaftswissenschaftlichen Schwerpunkten finden Sie bei Master's Programs Guide (2023) und FIND MBA (n. d.-b).

alle das „Big Picture"-Denken, das Sie in Ihrer künftigen Managementrolle unterstützen wird.

3. Sozial: Streben nach gesellschaftlicher Wirkung
Gesellschaftliche Herausforderungen und Probleme sind allgegenwärtig. Sie können breite Themen wie Hunger, Armut und Gesundheitsversorgung betreffen oder spezifische Fragestellungen wie Impfpflicht, Adoptionsrechte für LGBT+ oder Datenschutz im Internet. Unabhängig davon werden soziale Probleme oft leidenschaftlich diskutiert, da sie häufig zu gegensätzlichen Meinungen führen. Gleichzeitig sind soziale Themen komplex und überschneiden sich mit anderen Bereichen. Die Gesundheitsversorgung beispielsweise hat ökonomische, rechtliche und ethische Implikationen und stellt technologische Herausforderungen dar. Wenn Sie sich also nicht vor komplexen Fragestellungen scheuen und sich für gesellschaftliche Themen begeistern, könnte ein MBA mit sozialem Schwerpunkt die richtige Wahl für Sie sein.[12] Auch wenn ein MBA nicht unbedingt als naheliegender Weg für eine Karriere im Bereich gesellschaftlicher Problemlösungen erscheint, legen Unternehmen zunehmend Wert auf ihre gesellschaftliche Verantwortung (CSR) und versuchen, soziale Herausforderungen unternehmerisch und gewinnorientiert anzugehen. Sie könnten auch einem sogenannten Benefit-Unternehmen (B Corp) beitreten oder eines gründen, das sich neben der Gewinnerzielung ausdrücklich zu sozialen Standards verpflichtet. Schließlich gibt es zahlreiche Non-Profit-Organisationen, die Management-Know-how suchen. Ein MBA kann somit ein besserer Einstieg in eine gesellschaftlich orientierte Karriere sein, als Sie vielleicht vermuten.

4. Technologisch: Die Zukunft ermöglichen
Nichts hat unsere Gesellschaft so stark verändert wie die Technologie, und aktuell befinden wir uns mitten in turbulenten digitalen Transformationsprozessen, die nahezu alle Lebensbereiche betreffen. Wer also mit neuen Technologien arbeitet, ist der Zukunft näher als in fast jedem anderen Bereich.

---

[12] Meley (2022).

Technologieaffine MBAs fühlen sich möglicherweise zu klassischen IT-Karrieren hingezogen, etwa als Chief Technology Officer, IT-Direktor oder Chief Information Officer. Einige MBAs haben es bis in die oberste Führungsebene geschafft. So hat der CEO von Google, Sundar Pichai, seinen MBA an der Wharton School der University of Pennsylvania erworben,[13] Amazons CEO Andy Jassy erhielt seinen MBA an der Harvard Business School,[14] Microsoft-CEO Satya Nadella absolvierte seinen MBA an der Booth School of Business der University of Chicago,[15] und Apples Tim Cook erwarb seinen MBA an der Fuqua School der Duke University.[16] Darüber hinaus sind MBAs im Technologiemanagement auch hervorragend geeignet, selbst unternehmerisch tätig zu werden. Angesichts der zentralen Rolle, die Technologie in vielen neu gegründeten Unternehmen spielt, ist die Kombination aus technischem Wissen und Management-Know-how ein wertvolles Asset.

Zu den Business Schools, die für technologieaffine MBA-Interessierte in Betracht gezogen werden sollten, zählt beispielsweise die Foster School of Business der University of Washington in Seattle, die 2022 45 % ihrer MBA-Absolventen in Technologieunternehmen vermittelte.[17] Die MIT Sloan School of Management in Boston, die Technologie bereits im Namen trägt, platzierte 23 % des Jahrgangs im Technologiesektor,[18] und die UCLA Anderson School of Management der University of California Los Angeles hat eine Technologie-Vermittlungsquote von 33 %.[19] In Europa empfiehlt sich ein Blick auf die Technische Universität München (TUM), die einen Executive MBA in Business & IT anbietet,[20] oder auf die Judge Business School der University of Cambridge, die einen exzellenten Ruf im Bereich E-Commerce und Internettechnologie genießt und eine Spezialisierung in Digital

---

[13] Rosenberg (2022).
[14] Kefford (2021).
[15] Microsoft (n. d.).
[16] Apple (n. d.).
[17] Foster School of Business (n. d.).
[18] MIT SLOAN (2022).
[19] UCLA Anderson School of Management (n. d.).
[20] TUM (n. d.).

Transformation anbietet.[21] Es gibt jedoch auch viele weitere exzellente technologieorientierte MBA-Angebote – und das nicht nur in den USA oder Europa.

5. Umwelt: Unsere Umwelt schützen
Es herrscht weitgehende Einigkeit darüber, dass die Welt dringend Maßnahmen zum Schutz unserer Umwelt ergreifen muss. Der bekannte Slogan „There is no Planet B" bringt dieses Anliegen eindrucksvoll auf den Punkt. Leider besteht weniger Einigkeit über die Details, etwa wer was bis wann tun sollte. Da Unternehmen letztlich auf eine intakte Umwelt angewiesen sind, entwickeln fortschrittliche Business Schools zunehmend MBA-Programme, die sich auf verschiedene Umweltthemen konzentrieren. Solche Programme werden von sehr unterschiedlichen Institutionen angeboten, etwa ein MBA in Energiemanagement an der TU Berlin,[22] ein MBA in Sustainable Innovation an der Gustavson School of Business der University of Victoria, Kanada,[23] oder ein MBA mit Spezialisierung auf Nachhaltigkeit an der Universität Haifa, Israel. Die Audencia Business School in Nantes (Frankreich) genießt in Europa einen hervorragenden Ruf im Bereich Nachhaltigkeit. Es gibt auch Rankings von Business Schools mit Fokus auf Energie und natürliche Ressourcen.[24]

MBA-Spezialisierungen im Bereich Nachhaltigkeitsmanagement oder Umweltmanagement sind in der Regel interdisziplinär ausgerichtet und vereinen sozialwissenschaftliche, umweltwissenschaftliche und technologische Kompetenzen. Die Berufsaussichten in diesem Bereich sind tendenziell sehr gut, da Unternehmen und Regulierungsbehörden Umweltaspekten zunehmend Beachtung schenken. Tatsächlich zeigen Studien, dass Unternehmen mit hohen Standards in den Bereichen Umwelt, Soziales und Unternehmensführung überdurchschnittlich abschneiden,[25]

---

[21] University of Cambridge (n. d.).
[22] TU Berlin (n. d.).
[23] University of Victoria (n. d.).
[24] FIND MBA (n. d.-c).
[25] Bonini und Swartz (2014).

was darauf hindeutet, dass diese Berufsfelder zukunftssicher sind. In der Industrie tragen MBAs mit Spezialisierung auf Umweltmanagement oder Nachhaltigkeit beispielsweise Titel wie Sustainability Officer, Head of Sustainability, Principle Ecologist, Director Renewable Energy oder Environmental Project Officer. Auch Beratungsunternehmen, NGOs, die UN oder verschiedene Regierungsstellen beschäftigen entsprechend ausgebildete MBAs. Wer seine Karriere der Schaffung einer nachhaltigeren Zukunft widmen möchte, für den ist ein MBA-Studium mit Schwerpunkt Umweltmanagement oder Nachhaltigkeit eine ausgezeichnete Wahl.

6. Recht: Das Zusammenspiel von Recht und Wirtschaft managen

Ein MBA-Studium ist zeitintensiv und erfordert erheblichen Einsatz und Engagement. Daher ziehen Top-MBA-Programme besonders ambitionierte Persönlichkeiten an. Unter diesen gibt es eine kleine Gruppe, deren Ehrgeiz und Hingabe sogar noch über das ohnehin hohe Niveau der MBA-Studierenden hinausgehen. Sie absolvieren zwei Abschlüsse gleichzeitig: einen kombinierten Juris Doctor (JD) und MBA. Obwohl diese Doppelstudiengänge oft eine große Herausforderung darstellen, sind sie zeitlich effizienter und in der Regel kostengünstiger als das separate Absolvieren beider Abschlüsse. Die Belohnung für die ambitionierten Absolventen solcher Programme sind exzellente Berufsaussichten und eine hohe Flexibilität bei der Karrieregestaltung.

Die Vielseitigkeit der Berufsfelder für Absolventen eines JD/MBA zeigt sich bei der Durchsicht einschlägiger Webseiten: Der Abschluss gilt als Grundlage für so unterschiedliche Karrieren wie Unternehmensjurist, Finanzdirektor oder sogar eine Tätigkeit beim Federal Bureau of Investigation (FBI), vermutlich nur für US-Staatsbürger möglich.[26],[27] Es gibt verschiedene Rankings von Business Schools in den USA, die kombinierte JD/MBA-Programme anbieten.[28],[29] Auch in Europa (z. B.

---

[26] Dolan (2021).
[27] Indeed (2021).
[28] College Gegazette (2021).
[29] Scott (2021).

IE in Madrid),[30] Asien, etwa an der Chinese University of Hong Kong (CUHK),[31] Australien, beispielsweise an der University of New South Wales in Sydney[32] und in anderen Regionen gibt es renommierte Business Schools mit kombinierten Jura- und MBA-Abschlüssen.

7. Ethisch: Unterstützung moralischer Prinzipien
Obwohl sich Wirtschaftsethik, Corporate Social Responsibility (CSR) und Nachhaltigkeit auf leicht unterschiedliche Bereiche konzentrieren, verfolgen sie gemeinsam das Ziel, die Welt zu verbessern und stellen eine „Kraft zum Guten" dar.[33] Die Arbeit in diesen Feldern ist daher psychologisch erfüllend. Der Schwerpunkt liegt jedoch auf psychologisch! Finanziell stehen Positionen wie CSR-Direktor, Community Affairs Manager, Ethics Officer, Ethics & Compliance Director oder Social Impact and Sustainability Director meist nicht an der Spitze der Gehaltsskala. Doch Geld ist nicht alles, und die empfundene Arbeitszufriedenheit kann die finanzielle Vergütung oft aufwiegen.

Obwohl es eine erhebliche Überschneidung zwischen CSR und Nachhaltigkeit gibt,[34] konzentrieren sich CSR- und Wirtschaftsethik-Jobs primär auf den Menschen, während Positionen im Bereich Nachhaltigkeit (siehe Punkt 5 Umwelt) vor allem auf unsere ökologische Umwelt ausgerichtet sind. Ein zentrales Merkmal von CSR ist, dass Unternehmen über die gesetzlichen Mindestanforderungen hinausgehen, um gesellschaftliche Bedürfnisse zu adressieren.[35] Entsprechend gehen die meisten CSR- und ethikorientierten Unternehmenspositionen über reine Compliance hinaus. Einige sind nach außen gerichtet und gestalten wirkungsvolle Programme für gesellschaftliches Engagement, Unternehmensphilanthropie und Sponsoring. Andere richten den Fokus nach innen und sorgen für ein sicheres und faires Arbeitsumfeld für die Mitarbeitenden. Wer eine Karriere in diesen Bereichen anstrebt,

---

[30] IE University (n. d.).
[31] CUHK (n. d.).
[32] UNSW Sydney (n. d.-a).
[33] Schlegelmilch und Szőcs (2020).
[34] Sheehy und Farneti (2021).
[35] Lopes-Rodriguez und Smith (2021).

findet MBA-Programme, die ihr gesamtes Curriculum auf CSR-Themen ausrichten.[36,37] Alternativ bieten viele MBA-Programme, wie etwa INSEAD,[38] die Hong Kong University Business School,[39] oder die Business School der University of New South Wales in Sydney[40] entsprechende Spezialisierungsmöglichkeiten an.

8. Demografie: Analyse der Herausforderungen im Zusammenhang mit der Bevölkerungsentwicklung

Der französische Philosoph Auguste Comte stellte fest: „Demografie ist Schicksal."[41] Auch wenn dies vielleicht eine Übertreibung ist, kommt der Demografie für viele Länder – und letztlich für die gesamte Welt – eine zentrale Bedeutung zu. Der ehemalige japanische Premierminister Fumio Kishida warnte bereits: „Unsere Nation steht an einem Wendepunkt, an dem sich entscheidet, ob sie ihre gesellschaftlichen Funktionen aufrechterhalten kann."[42] Der Grund für seine Besorgnis ist offensichtlich: Bis 2060 wird die japanische Bevölkerung voraussichtlich von derzeit 128 Millionen auf 87 Millionen Menschen schrumpfen, von denen 40 % im Ruhestand sein werden.[43] Eine schrumpfende Erwerbsbevölkerung im Alter zwischen 15 und 65 Jahren, eine alternde Gesellschaft, eine „Ablehnung von Zuwanderung" sowie eine wachsende Zahl von Japanerinnen und Japanern unter 30, die weder in einer Beziehung leben noch Interesse an Familiengründung haben,[44] ergeben eine explosive Mischung sozialer Probleme. Während einige Länder unter schrumpfender und alternder Bevölkerung leiden, sorgen sich andere über dramatische Bevölkerungszuwächse. Bis 2050 wird mehr als die Hälfte des weltweiten Bevölkerungswachstums voraussichtlich auf nur

---

[36] Questrom School of Business (n. d.).
[37] The Heller School at Brandeis University (n. d.).
[38] INSEAD (n. d.).
[39] HKU Business School (n. d.).
[40] UNSW Sydney (n. d.-b).
[41] Comte (o. J.).
[42] Bhardwaj (2023).
[43] BBC (2012).
[44] Wingfield-Hayes (2023).

neun Länder entfallen, angeführt von Indien, Nigeria und Pakistan. Seit 2023 ist Indien das bevölkerungsreichste Land der Welt und hat damit China abgelöst, das mit einer schrumpfenden Bevölkerung konfrontiert ist.[45] Nigeria wird Prognosen zufolge bis 2050 die USA als drittbevölkerungsreichstes Land überholen.[46] Wie wir an anderer Stelle ausgeführt haben, hängt es stark von der jeweiligen nationalen Perspektive ab, ob die Welt eher unter Bevölkerungswachstum oder unter Bevölkerungsrückgang leidet. Die demografischen Trends sind eindeutig, ihre Auswirkungen jedoch unklar und voller Widersprüche.[47]

Wenn Sie sich für die Ursachen und Folgen von Bevölkerungsveränderungen wie Migration und Zuwanderung, Alterung oder Bevölkerungskontrolle interessieren und eine Tätigkeit im Bereich Demografie anstreben, ist ein MBA zugegebenermaßen nicht der direkteste Weg. Gelegentlich bieten jedoch einige MBA-Programme Wahlfächer an, in denen Demografie unter dem Titel „Business and Big Problems" behandelt wird.[48] Wenn Sie jedoch eine Affinität zu Statistik, Wirtschaftswissenschaften oder quantitativer Sozialforschung haben, bieten sich Möglichkeiten in Regierungsbehörden oder Organisationen wie den Vereinten Nationen. In Unternehmen sind es Business Development Analysts, Policy Analysts oder Strategic Information and Evaluation Specialists, die versuchen, die Auswirkungen demografischer Veränderungen auf zukünftige Geschäftschancen vorherzusagen. Hier ist ein MBA eine wertvolle Grundlage.

Zusammenfassung

Über die Zukunft nachzudenken ist schwierig, und sie vorherzusagen ist oft nicht mehr als ein Ratespiel. Dennoch halten wir es für eine sinnvolle Übung, die Ihnen helfen kann, das für Sie passende

---

[45] The Economist (2023).
[46] Sasu (2022).
[47] Schlegelmilch (2022).
[48] Harvard Business School (2023).

MBA-Programm zu finden. Wenn Sie darüber nachdenken, welche Berufe künftig gefragt sein werden, was Ihnen Freude bereitet, worin Sie gut sind und welche Rolle Geld für ein ausgewogenes und glückliches Leben spielt, werden Sie zu MBA-Programmen und Spezialisierungen finden, die Ihnen den Weg zu dem Berufsleben ebnen, das Sie sich wünschen.

In diesem Kapitel haben wir unsere Gedanken zu acht großen Bereichen vorgestellt, in denen Sie einen Beitrag leisten könnten. Natürlich geben wir zu, dass es noch viele weitere Möglichkeiten gibt. Doch im Sinne dieses Buches—*ein Leitfaden zum Erfolg*, der dem Muster von *acht Schritten* folgt—haben wir uns auf die „glückliche Acht" beschränkt. Wir hoffen, dass sie Ihnen Glück bringt – jene geheimnisvolle Zutat, die all Ihre Anstrengungen und harte Arbeit krönen kann. Letztlich hoffen wir, dass unsere Hinweise Ihnen nicht nur dabei helfen, *ein MBA-Programm zu finden, das zu Ihren Bedürfnissen passt*, sondern auch ein wenig dazu beitragen, Ihr ganz persönliches Ikigai zu entdecken.

Abschließend möchten wir Ihnen noch eine Geschichte mitgeben, die zeigt, dass die Welt zu verändern wichtiger ist, als sich selbst zu verändern: Zwei berühmte amerikanische Intellektuelle, Noam Chomsky und Gore Vidal, trafen 1991 in ihrem einzigen gemeinsamen Fernsehinterview aufeinander. Sie wurden gefragt, was ihre treibende Kraft und Quelle der Motivation sei. Noam Chomsky gab eine gute Antwort: „Morgens in den Spiegel schauen und nicht entsetzt sein über das, was ich sehe." Doch Gore Vidals Antwort war noch besser: „Für mich ist es, aus dem Fenster zu schauen und nicht entsetzt zu sein über das, was ich sehe."[49]

Tatsächlich gibt es da draußen eine Welt zu verändern. Also tun Sie es – ein MBA nach dem anderen!

---

[49] Chomsky und Vidal (1991).

Literatur

Apple. (n. d.) *Tim Cook*. https://www.apple.com/leadership/tim-cook/. Zugegriffen: 7. Jan. 2023.
BBC. (2012, January 30). Japan population to shrink by one-third by 2060. *BBC News*. https://www.bbc.com/news/world-asia-16787538. Zugegriffen: 26. Jan. 2023.
Bhardwaj, M. (2023, January 25). Japan PM vows against declining population. *Asiana Times*. https://asianatimes.com/japanese-pm-vows-against-declining-population/. Zugegriffen: 26. Jan. 2023.
Bonini, S. & Swartz, S. (2014). Profits with purpose: How organizing for sustainability can benefit the bottom line. *McKinsey & Company*. https://www.mckinsey.com/~/media/McKinsey/Business%20Functions/Sustainability/Our%20Insights/Profits%20with%20purpose/Profits%20with%20Purpose.ashx. Zugegriffen: 22. Jan. 2023.
Chicago Booth. (n. d.) *MBA economics*. https://www.chicagobooth.edu/mba/academics/curriculum/concentrations/economics. Zugegriffen: 5. Jan. 2023.
Chomsky, N. & Vidal, G. (1991). In conversation with Gore Vidal and Noam Chomsky (1991). [Video]. *Youtube*. https://www.youtube.com/watch?v=k5Iv3btFIW8&ab_channel=megakeenbeen. Zugegriffen: 12. Apr. 2023.
College Gegazette. (2021, August 25). The 10 best MBA JD programs in the US. *College Gegazette*. https://collegegazette.com/best-mba-jd-programs-in-the-us/. Zugegriffen: 24. Jan. 2023.
Comte, A. (n. d.) Auguste Comte quotes. *Goodreads*. https://www.goodreads.com/quotes/8746229-demography-is-destiny. Zugegriffen: 26. Jan. 2023.
CUHK. (n. d.) *Full-time MBA JD/MBA*. https://mba.cuhk.edu.hk/programmes/full-time-mba/jd-mba/. Zugegriffen: 24. Jan. 2023.
Dolan, C. (2021). What careers are available with a JD/MBA?. *Nonprofit Colleges Online*. https://www.nonprofitcollegesonline.com/faq/jd-mba-careers/. Zugegriffen: 23. Jan. 2023.
Einstein, A. (1930). *I never think of the future. It comes soon enough*. Quote Investigator. https://quoteinvestigator.com/2013/07/23/future-soon/. Zugegriffen: 1. Jan. 2023.
FIND MBA. (n. d.-a). IE business schools. *FIND MBA*. https://find-mba.com/schools/europe/spain/ie/programs. Zugegriffen: 5. Jan. 2023.
FIND MBA. (n. d.-b). MBA programs in economics – Europe. *FIND MBA*. https://find-mba.com/schools/europe/specialization/economics#:~:text

=MBA%20Programs%20in%20Economics%20-%20Europe%201%20 IE,-%20Graduate%20School%20of%20International%20Business%20 %28GSIB%29%20. Zugegriffen: 5. Jan. 2023.

FIND MBA. (n. d.-c). Top business schools for energy and natural resources 2022. *FIND MBA*. https://find-mba.com/lists/top-business-schools-for-energy-and-natural-resources. Zugegriffen: 24. Jan. 2023.

FIND MBA. (n. d.-d). Top business schools for public sector management/government 2022. *FIND MBA*. https://find-mba.com/lists/top-business-schools-for-public-sector-management-government. Zugegriffen: 3. Jan. 2023.

Foster School of Business. (n. d.) *Full-time MBA career management*. https://foster.uw.edu/academics/degree-programs/full-time-mba/career-management/. Zugegriffen: 7. Jan. 2023.

Harvard Business School. (2023). *Reimagining capitalism: Business and big problems*. https://www.hbs.edu/coursecatalog/1524.html. Zugegriffen: 26. Jan. 2023.

HKU Business School. (n. d.) *Full-time MBA*. https://mba.hkubs.hku.hk/programmes/full-time-mba/academics/curriculum-structure/. Zugegriffen: 26. Jan. 2023.

ie University. (n. d.) *Dual Degree International MBA + Master of Laws (LL.M.)*. https://www.ie.edu/masters/dual-degrees/programs/dual-degree-international-mba-master-of-laws-llm/. Zugegriffen: 24. Jan. 2023.

Indeed. (2021, June 8). *15 High-paying jobs you can get with a J.D./MBA degree*. https://www.indeed.com/career-advice/finding-a-job/jd-mba-jobs. Zugegriffen: 23. Jan. 2023.

INSEAD. (n. d.) *New MBA curriculum*. https://www.insead.edu/master-programmes/mba/academics#curriculum-overview. Zugegriffen: 26. Jan. 2023.

Kefford, M. (2021, February 3). Who is Andy Jassy? Amazon CEO & Harvard MBA Graduate. *BusinessBecause*. https://www.businessbecause.com/news/mba-degree/7456/andy-jassy. Zugegriffen: 7. Jan. 2023.

Lister, A. (2019, December 4). 5 Controversial politicians with MBAs. *BusinessBecause*. https://www.businessbecause.com/news/mba-degree/6355/5-controversial-politicians-mba. Zugegriffen: 3. Jan. 2023.

Lopes-Rodriguez, S., & Smith, N. C. (2021). Marketing strategy and corporate social responsibility. In B. B. Schlegelmilch & R. S. Winer (Hrsg.), *The Routledge companion to strategic marketing*. Routledge.

Master's Programs Guide. (2023). 10 best economics MBA programs. *Mastersprogramsguide*. https://www.mastersprogramsguide.com/rankings/best-mba-economics/. Zugegriffen: 5. Jan. 2023.

MBA Central. (n. d.) What can I do with an economics MBA?. *MBA Central.* https://www.mbacentral.org/economics-mba-degrees/. Zugegriffen: 5. Jan. 2023.
Meley, C. (2022, April 22). Social impact MBA: Change the world through business. *MBA.* https://www.mba.com/business-school-and-careers/career-possibilities/social-impact-mba. Zugegriffen: 1. Jan. 2023.
Microsoft. (n. d.) *Executive officers.* https://news.microsoft.com/exec/satya-nadella/. Zugegriffen: 7. Jan. 2023.
MIT SLOAN. (2022). *2021–2022 MBA employment report.* https://mitsloan.mit.edu/sites/default/files/2022-12/MBA-Employment-Report-2022-2023.pdf. Zugegriffen: 7. Jan. 2023.
NYU Stern. (n. d.) *Economics.* https://www.stern.nyu.edu/programs-admissions/full-time-mba/academics/specializations/economics. Zugegriffen: 5. Jan. 2023.
Questrom School of Business. (n. d.) *Social impact MBA.* https://www.bu.edu/questrom/degree-programs/full-time-mba/social-impact-mba/. Zugegriffen: 26. Jan. 2023.
Rosenberg, E. (2022, December 27). Who is Sundar Pichai?. *Investopedia.* https://www.investopedia.com/articles/investing/090815/look-sundar-pichai-googles-new-ceo.asp. Zugegriffen: 7. Jan. 2023.
Sasu, D.D. (2022, November 18). Demographics of Nigeria - Statistics & facts. *Statista.* https://www.statista.com/topics/6477/demographics-of-nigeria/#topicHeader__wrapper. Zugegriffen: 30. Jan. 2023.
Schiller, B. (2011, January 17). The rise of the MBA politicians. *The Financial Times.* Accessed January 3, 2023, from https://www.ft.com/content/96d634f0-1ffd-11e0-a6fb-00144feab49a. Zugegriffen: 3. Jan. 2023.
Schlegelmilch, B. B. (2022). *Global marketing strategy – An executive digest* (2. Aufl.). Springer International Publishing.
Schlegelmilch, B. B., & Szőcs, I. (Hrsg.). (2020). *Rethinking business responsibility in a global context: Challenges to corporate social responsibility, sustainability and ethics.* Springer Nature.
Scott, A. (2021, December 11). Top 15 JD MBA programs and how to get into them. *Inspira Futures.* https://www.inspirafutures.com/blog/top-15-jd-mba-programs#b3. Zugegriffen: 24. Jan. 2023.
Sheehy, B., & Farneti, F. (2021). Corporate social responsibility, sustainability, sustainable development and corporate sustainability: What is the difference, and does it matter? *Sustainability, 13*(11), 5965.

The Economist. (2023, January 17). For the first time since the 1960s, China's population is shrinking. *The Economist.* https://www.economist.com/china/2023/01/17/for-the-first-time-since-the-1960s-chinas-population-is-shrinking?utm_content=article-link-4&etear=nl_sunday_today_4&utm_campaign=r.the-economist-sunday-today&utm_medium=email.internal-newsletter.np&utm_source=salesforce-marketing-cloud&utm_term=1/22/2023&utm_id=1457320. Zugegriffen: 26. Jan. 2023.

The Heller School at Brandeis University. (n. d.) *Social impact MBA.* https://heller.brandeis.edu/mba/index.html. Zugegriffen: 26. Jan. 2023.

TU Berlin. (n. d.) *Energy management MBA.* https://master-in-energy.com/courses/energy-management/. Zugegriffen: 22. Jan. 2023.

TUM. (n. d.) *Executive MBA in Business & IT.* https://www.tum.de/en/studies/degree-programs/detail/executive-mba-in-business-it-master-of-business-administration-mba/. Zugegriffen: 7. Jan. 2023.

UCLA Anderson School of Management. (n. d.) *Technology career path.* https://www.anderson.ucla.edu/degrees/full-time-mba/career-impact/technology-career-path. Zugegriffen: 7. Jan. 2023.

University of Cambridge. (n. d.) *The Cambridge MBA degree*: Curriculum. https://www.jbs.cam.ac.uk/programmes/mba/curriculum/. Zugegriffen: 7. Jan. 2023.

University of Minnesota. (n. d.) *Business Administration M.B.A..* https://onestop2.umn.edu/pcas/viewCatalogProgram.do?programID=7262. Zugegriffen: 5. Jan. 2023.

University of Victoria. (n. d.). *MBA in sustainable innovation.* https://www.uvic.ca/gustavson/gill/mba/index.php. Zugegriffen: 24. Jan. 2023.

UNSW Sydney. (n. d.-a). *Master of Laws/MBA (Law).* https://www.unsw.edu.au/study/postgraduate/master-of-laws-business-administration-law?studentType=Domestic. Zugegriffen: 24. Jan. 2023.

UNSW Sydney. (n. d.-b). *MBAX (Social impact).* https://www.unsw.edu.au/business/our-schools/agsm/learn-with-us/agsm-programs/mbax-social-impact. Zugegriffen: 26. Jan. 2023.

Wingfield-Hayes, R. (2023, January 20). Japan was the future but it's stuck in the past. *BBC News.* https://www.bbc.com/news/world-asia-63830490. Zugegriffen: 26. Jan. 2023.

Anhang A: Financial Times Global MBA Ranking

MBA (Vollzeitprogramme) 2023 Ranking der Financial Times[1]

#	Schulname	Standort, Hauptcampus
1	Columbia Business School	USA
2	INSEAD	Frankreich/Singapur
3	IESE Business School	Spanien
4	Harvard Business School	USA
4	Stanford Graduate School of Business	USA
6	SDA Bocconi School of Management	Italien
7	University of California at Berkeley: Haas	USA
8	Cornell University: Johnson	USA
9	Northwestern University, Kellogg School of Management	USA
10	Yale School of Management	USA
11	Fuqua School of Business der Duke University	USA

---

[1] Bitte beachten Sie, dass die Rankings jährlich aktualisiert werden. Für die aktuellsten Informationen empfehlen wir, die offizielle Website der Financial Times zu konsultieren.

© Der/die Herausgeber bzw. der/die Autor(en), exklusiv lizenziert an Springer Nature Switzerland AG 2025
B. B. Schlegelmilch und G. Iliev, *Den richtigen MBA finden*,
https://doi.org/10.1007/978-3-032-07422-5

#	Schulname	Standort, Hauptcampus
11	MIT: Sloan	USA
11	University of Chicago: Booth	USA
14	UCLA Anderson School of Management	USA
15	Dartmouth College: Tuck	USA
16	London Business School	Vereinigtes Königreich
17	HEC Paris	Frankreich
17	University of Virginia: Darden	USA
19	New York University: Stern	USA
20	CEIBS	China
21	University of Southern California: Marshall	USA
22	IE Business School	Spanien
23	University of Cambridge: Judge	Vereinigtes Königreich
23	Shanghai University of Finance and Economics: College of Business	China
25	Business School der National University of Singapore	Singapur
26	University of Michigan: Ross	USA
27	ESCP Business School	Frankreich/Italien/Spanien/Vereinigtes Königreich/Deutschland
28	University of Oxford: Saïd	Vereinigtes Königreich
29	Rice University: Jones	USA
30	Esade Business School	Spanien
31	Washington University: Olin	USA
32	Georgetown University: McDonough	USA
32	IMD – International Institute for Management Development	Schweiz
32	University of Washington: Michael G Foster	USA
35	University of North Carolina: Kenan-Flagler	USA
36	Emory University: Goizueta	USA
37	Imperial College Business School	Vereinigtes Königreich
38	Nanyang Business School, NTU Singapur	Singapur
39	Indian School of Business	Indien
40	University of Florida: Warrington	USA
41	HKU Business School	Hongkong
42	HKUST Business School	Hongkong
43	Michigan State University: Broad	USA
44	Vanderbilt University: Owen	USA
45	University of Rochester: Simon Business School	USA

#	Schulname	Standort, Hauptcampus
46	Alliance Manchester Business School	Vereinigtes Königreich
47	EDHEC Business School	Frankreich
48	School of Management der Fudan-Universität	China
49	Carnegie Mellon: Tepper	USA
50	University of Texas at Austin: McCombs	USA
51	Indian Institute of Management Ahmedabad	Indien
52	Indian Institute of Management Bangalore	Indien
53	Arizona State University: WP Carey	USA
54	University of California at Irvine: Merage	USA
55	Warwick Business School	Vereinigtes Königreich
56	Mannheim Business School	Deutschland
57	University of Maryland: Smith	USA
58	George Washington University	USA
59	University of Texas at Dallas: Jindal	USA
59	Universität St. Gallen	Schweiz
61	University of Georgia: Terry	USA
61	Singapore Management University: Lee Kong Chian	Singapur
63	Rotterdam School of Management, Erasmus Universität	Niederlande
64	CUHK Business School	Hongkong
64	Scheller College of Business, Georgia Tech	USA
66	Bayes Business School (ehemals Cass)	Vereinigtes Königreich
67	University of Toronto: Rotman	Kanada
68	WHU – Otto Beisheim School of Management	Deutschland
69	University of Massachusetts Amherst: Isenberg	USA
70	ESSEC Business School	Frankreich/Singapur
71	Queen's University: Smith	Kanada
71	University of Notre Dame: Mendoza	USA
73	Boston College: Carroll	USA
74	Texas A&M University: Mays	USA
75	Questrom School of Business der Boston University	USA
76	EMLYON Business School	Frankreich
76	Indian Institute of Management Calcutta	Indien

Anhang A: Financial Times Global MBA Ranking

#	Schulname	Standort, Hauptcampus
78	Durham University Business School	Vereinigtes Königreich
78	University of Pittsburgh: Katz	USA
78	Northeastern University: D'Amore-McKim	USA
81	William & Mary: Mason	USA
82	Sungkyunkwan University GSB	Südkorea
83	McGill University: Desautels	Kanada
84	Western University: Ivey	Kanada
85	The Lisbon MBA Catolica | Nova	Portugal
86	Audencia	Frankreich
87	Trinity College Dublin, Trinity Business School	Irland
88	Cranfield School of Management	Vereinigtes Königreich
89	Indian Institute of Management Indore	Indien
90	TIAS Business School, Tilburg University	Niederlande
90	Indian Institute of Management Lucknow	Indien
92	Brigham Young University: Marriott	USA
93	Vlerick Business School	Belgien
94	University College Dublin: Smurfit	Irland
95	AGSM an der UNSW Business School	Australien
95	Babson College: Olin	USA
97	Birmingham Business School	Vereinigtes Königreich
98	Frankfurt School of Finance and Management	Deutschland
99	University of California at Davis	USA
100	Eada Business School Barcelona	Spanien

Anhang B: Financial Times Global Executive MBA Ranking

Executive MBA 2022 Ranking der Financial Times[2]

#	Schulname	Standort
1	Kellogg/HKUST Business School	Hongkong
2	CEIBS	China/Schweiz/Ghana
3	Tsinghua University/INSEAD	China/Singapur/Frankreich/VAE
4	HEC Paris	Frankreich/Katar
5	ESCP Business School	Frankreich/Deutschland/Italien/Libanon/Polen/Spanien/Vereinigtes Königreich
6	Trium: HEC Paris/LSE/NYU: Stern	Frankreich/USA/Großbritannien/China
7	MIT: Sloan	USA
8	University of Chicago: Booth	USA/Großbritannien/Hongkong
9	Washington University: Olin	China
10	IESE Business School	Spanien/USA

---

[2] Bitte beachten Sie, dass die Rankings jährlich aktualisiert werden. Für die aktuellsten Informationen empfehlen wir, die offizielle Website der Financial Times zu konsultieren.

#	Schulname	Standort
11	UCLA: Anderson/National University of Singapore	Singapur/USA
12	IE Business School	Spanien
12	School of Management der Fudan-Universität	China
14	Yale School of Management	USA
15	University of Oxford: Saïd	Großbritannien
16	Kellogg/WHU Beisheim	Deutschland
17	INSEAD	Frankreich/Singapur/VAE
18	HKU Business School	China
19	London Business School	UK/VAE
20	Arizona State University: WP Carey	China
21	UCLA Anderson School of Management	USA
22	University of Pennsylvania: Wharton	USA
23	Northwestern University, Kellogg School of Management	USA
24	Business School der National University of Singapore	Singapur
24	CUHK Business School	Hongkong
26	Imperial College Business School	Vereinigtes Königreich
27	IMD – Internationales Institut für Management-Entwicklung	Schweiz
27	ESSEC Business School/Mannheim Business School	Frankreich/Deutschland/Singapur
29	Yonsei University School of Business	Südkorea
30	Kellogg/York University: Schulich	Kanada
31	Koç Universität Graduate School of Business	Türkei
32	Universität St. Gallen	Schweiz
33	Singapore Management University: Lee Kong Chian	Singapur
34	SDA Bocconi School of Management	Italien
34	Warwick Business School	Vereinigtes Königreich
36	Emory University: Goizueta	USA
36	University of Cambridge: Judge	Vereinigtes Königreich
38	University of Texas at Austin: McCombs	USA
39	WU Wien: Executive Academy/University of Minnesota: Carlson	Österreich
40	New York University: Stern	USA
40	IBS-Moscow Ranepa	Russland
42	Kedge Business School	Frankreich/China
43	ESMT Berlin	Deutschland

#	Schulname	Standort
44	Kozminski-Universität	Polen
44	Indian School of Business	Indien
46	BI Norwegian Business School/Fudan University School of Management	China
47	EMLYON Business School	Frankreich/China
47	Cornell University: Johnson/Queen's University: Smith	USA/Kanada
49	EDHEC Business School	Frankreich
50	Moscow School of Management Skolkovo	Russland
51	University of Michigan: Ross	USA
52	Fuqua School of Business der Duke University	USA
53	University of Toronto: Rotman	Kanada
54	Bayes Business School (ehemals Cass)	UK/VAE
54	Georgetown University: McDonough	USA
56	Antwerp Management School	Belgien
57	Stockholm School of Economics	Schweden
58	Rotterdam School of Management, Erasmus Universität	Niederlande
59	INCAE Business School	Costa Rica
60	Universität Zürich	Schweiz
61	University of Washington: Michael G Foster	USA
62	Copenhagen Business School	Dänemark
62	Frankfurt School of Finance and Management	Deutschland
64	Trinity College Dublin, Trinity Business School	Irland
65	Henley Business School	Großbritannien/Finnland/Dänemark
66	Vlerick Business School	Belgien
67	Monash Business School	Australien
68	Hult International Business School	USA/Großbritannien/VAE
69	University College Dublin: Smurfit	Irland
70	HEC Lausanne, Universität Lausanne	Schweiz
71	Texas A&M University: Mays	USA
71	University of Maryland: Smith	USA
73	Rutgers Business School	USA
74	UCT Graduate School of Business	Südafrika
74	Georgia Tech Scheller College of Business	USA
74	TBS Education	Frankreich/Marokko
74	Mannheim Business School	Deutschland

#	Schulname	Standort
78	Neoma Business School	Frankreich/China/Iran
79	St. Petersburger Universität, Graduate School of Management	Russland
80	Georgia State University: Robinson	USA
80	TIAS Business School, Tilburg University	Niederlande
82	Queen's University: Smith	Kanada
83	BI Norwegian Business School	Norwegen
84	The Lisbon MBA Catolica	Nova	Portugal
85	Michigan State University: Broad	USA
86	University of Utah: David Eccles	USA
86	Indian Institute of Management Bangalore	Indien
88	Aalto-Universität	Finnland
89	Western University: Ivey	Kanada
89	Rennes School of Business	Frankreich/China
91	Strathclyde Business School der Universität	Großbritannien/Griechenland/Malaysia/VAE/Oman/Bahrain
91	Nationale Sun Yat-sen Universität	Taiwan
93	University of Tennessee: Haslam College of Business	USA
94	Melbourne Business School	Australien
95	IPADE Business School	Mexiko
95	Lancaster University Management School	UK/Ghana/Malaysia
97	Cranfield School of Management	Vereinigtes Königreich
98	School of Management des Politecnico di Milano	Italien
99	Audencia	Frankreich/Algerien
100	Fordham University: Gabelli	USA

Anhang C: Dreifach akkreditierte Business Schools

Triple Crown-akkreditierte Business Schools 2023[3]

Argentinien	IAE Business School, Universidad Austral
Australien	Monash Business School, Monash University
Australien	QUT Graduate School of Business, Queensland University of Technology
Australien	University of Sydney Business School
Österreich	WU Executive Academy
Belgien	Vlerick Business School
Brasilien	Fundação Getulio Vargas – FGV (EAESP)
Brasilien	Insper – Institut für Lehre und Forschung
Kanada	HEC Montréal
Kanada	Telfer School of Management, Universität Ottawa
Chile	Universidad Adolfo Ibáñez
China	Antai College of Economics and Management, Shanghai Jiao Tong University

---

[3] Für die aktuellsten Informationen empfehlen wir, die offiziellen Websites von AACSB International, AMBA und EQUIS zu konsultieren.

© Der/die Herausgeber bzw. der/die Autor(en), exklusiv lizenziert an Springer Nature Switzerland AG 2025
B. B. Schlegelmilch und G. Iliev, *Den richtigen MBA finden*,
https://doi.org/10.1007/978-3-032-07422-5

China	Beijing Institut für Technologie
China	Chongqing-Universität
China	Lingnan (University) College, Sun Yat-sen Universität
China	Shanghai University of Finance and Economics, College of Business (SUFE)
China	Sun Yat-Sen Universität, Wirtschaftswissenschaftliche Fakultät
China	Universität für Internationalen Handel und Wirtschaft (UIBE)
China	Universität Xiamen
China	Zhejiang-Universität, School of Management
China	Dalian University of Technology
China	Beijing Jiaotong Universität
China	Xi'an Jiaotong-Liverpool University
Hongkong	School of Business, Hong Kong Baptist University
Macao	Universität Macau
Kolumbien	Universidad de Los Andes
Costa Rica	INCAE Business School
Dänemark	Aarhus Universität, School of Business and Social Sciences
Dänemark	Copenhagen Business School
Ägypten	Amerikanische Universität in Kairo
Finnland	Aalto University School of Business
Finnland	Hanken School of Economics
Frankreich	Audencia Business School
Frankreich	EDHEC Business School
Frankreich	EMLYON Business School
Frankreich	ESSCA School of Management
Frankreich	ESSEC Business School
Frankreich	Grenoble Graduate School of Business, Grenoble École de Management
Frankreich	HEC Paris
Frankreich	ICN Business School
Frankreich	IESEG School of Management
Frankreich	INSEAD
Frankreich	Kedge Business School
Frankreich	Montpellier Business School
Frankreich	NEOMA Business School
Frankreich	Rennes School of Business
Frankreich	Toulouse Business School (TBS Education)
Frankreich	Burgundy School of Business
Frankreich	Ecole de Management de Normandie
Frankreich	EM Strasbourg Business School
Frankreich	Groupe Sup de Co La Rochelle (JETZT Excelia Group, La Rochelle Business School genannt)

Anhang C: Dreifach akkreditierte Business Schools

Deutschland	ESMT Europäische Hochschule für Management und Technologie
Deutschland	Mannheim Business School
Deutschland	TUM School of Management, Technische Universität München
Deutschland	Frankfurt School of Finance & Management
Indien	Indian Institute of Management Calcutta
Indien	Indian Institute of Management Indore
Indien	Indian School of Business
Irland	Kemmy Business School, Universität Limerick
Irland	Trinity College Dublin, School of Business
Irland	UCD Michael Smurfit Graduate Business School, University College Dublin
Italien	School of Management, Politecnico di Milano
Italien	SDA Bocconi
Japan	NUCB Business School, Nagoya Universität für Handel und Wirtschaft
Mexiko	EGADE Business School
Mexiko	IPADE Business School, Universidad Panamericana
Mexiko	ITAM Instituto Tecnológico Autónomo de México
Niederlande	Fakultät für Wirtschaftswissenschaften und Betriebswirtschaft, Universität Amsterdam
Niederlande	School of Business and Economics, Universität Maastricht
Niederlande	Rotterdam School of Management, Erasmus Universität
Neuseeland	Business School der Universität Auckland
Neuseeland	University of Canterbury, College of Business & Law
Neuseeland	Victoria Business School, Victoria University of Wellington
Neuseeland	Waikato Management School, Universität Waikato
Norwegen	BI Norwegian Business School
Norwegen	NHH Norwegische Wirtschaftshochschule
Peru	CENTRUM Católica
Polen	Kozminski-Universität
Polen	Fakultät für Management, Universität Warschau
Portugal	Católica Lisbon School of Business & Economics
Portugal	Nova School of Business and Economics
Singapur	Lee Kong Chian School of Business, Singapore Management University
Slowenien	Fakultät für Wirtschaftswissenschaften, Universität Ljubljana
Südafrika	Gordon Institute of Business Science, Universität Pretoria
Südafrika	Graduate School of Business der Universität Kapstadt

Südafrika	University of Stellenbosch Business School
Spanien	ESADE Business School
Spanien	IE Business School
Schweden	School of Business, Economics & Law der Universität Göteborg
Schweden	LUSEM – School of Economics and Management der Universität Lund
Schweiz	IMD Business School
Schweiz	Universität St. Gallen
Thailand	Thammasat Business School, Thammasat Universität
Thailand	Chulalongkorn Business School, Chulalongkorn Universität
Türkei	Graduate School of Business, Koç Universität
Vereinigtes Königreich	Adam Smith Business School, Universität Glasgow
Vereinigtes Königreich	Alliance Manchester Business School, Universität Manchester
Vereinigtes Königreich	Aston Business School, Aston University
Vereinigtes Königreich	Birmingham Business School, Universität Birmingham
Vereinigtes Königreich	Bayes Business School, City, University of London
Vereinigtes Königreich	Cranfield School of Management
Vereinigtes Königreich	Durham University Business School
Vereinigtes Königreich	Henley Business School, University of Reading
Vereinigtes Königreich	Imperial College Business School
Vereinigtes Königreich	Kent Business School
Vereinigtes Königreich	Lancaster University Management School
Vereinigtes Königreich	Leeds University Business School
Vereinigtes Königreich	London Business School
Vereinigtes Königreich	Loughborough University School of Business and Economics
Vereinigtes Königreich	Manchester Metropolitan University Business School
Vereinigtes Königreich	Newcastle University Business School
Vereinigtes Königreich	Nottingham University Business School
Vereinigtes Königreich	Sheffield University Management School
Vereinigtes Königreich	Strathclyde Business School, Universität Strathclyde
Vereinigtes Königreich	Open University Business School
Vereinigtes Königreich	School of Management, Universität Bradford
Vereinigtes Königreich	Business School der Universität Edinburgh
Vereinigtes Königreich	Business School der Universität Exeter
Vereinigtes Königreich	Warwick Business School, Universität Warwick
Vereinigtes Königreich	University of Liverpool, Management School
Vereinigtes Königreich	King's Business School, King's College London
USA	Hult International Business School (einschließlich Ashridge)
USA	Olin Business School, Washington University in St. Louis
USA	Miami Herbert Business School, Universität Miami

MIX
Papier aus verantwortungsvollen Quellen
Paper from responsible sources
FSC® C105338

If you have any concerns about our products,
you can contact us on
ProductSafety@springernature.com

In case Publisher is established outside the EU,
the EU authorized representative is:
**Springer Nature Customer Service Center GmbH
Europaplatz 3, 69115 Heidelberg, Germany**

Printed by Libri Plureos GmbH
in Hamburg, Germany